闵希莹　顾永涛　刘长辉　周　君　等　著

成渝地区
双城经济圈高质量发展的
重大举措与实践探索

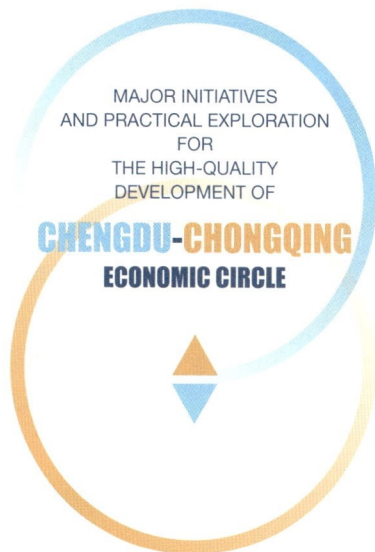

MAJOR INITIATIVES
AND PRACTICAL EXPLORATION
FOR
THE HIGH-QUALITY
DEVELOPMENT OF

CHENGDU-CHONGQING

ECONOMIC CIRCLE

社会科学文献出版社
SOCIAL SCIENCES ACADEMIC PRESS (CHINA)

撰写组

组　　长　闵希莹

副 组 长　顾永涛

主要成员　刘长辉　周　君　文　雯　曹　琳　秦　静
　　　　　周　静　石　磊　张雪原

前　言

　　城市群是支撑我国经济高质量发展的主要平台。《中华人民共和国国民经济和社会发展第十四个五年规划和 2035 年远景目标纲要》明确提出，以促进城市群发展为抓手，全面形成"两横三纵"城镇化战略格局。2020 年，我国 19 个城市群以占全国约 25% 的面积、74.6% 的常住人口，创造了全国 83.9% 的地区生产总值。

　　成渝地区双城经济圈位于长江上游，地处四川盆地，北接陕甘，南连云贵，西通青藏，东邻湘鄂，处在全国"两横三纵"城市化战略格局沿长江通道横轴和包昆通道纵轴的交汇地带，是西部陆海新通道的起点，具有沟通东南亚、连接东中部的独特优势。成渝地区双城经济圈拥有优良的生态禀赋、丰富的能源矿产，是我国西部产业基础最雄厚、创新能力最强、人口最密集、市场空间最广阔、开放程度最高的区域，在国家发展大局中具有极其重要的战略地位。

　　学术界对成渝地区的研究由来已久。早在西部大开发的区域规划中，就有"成渝两大都市中心""双核城市群"的提法。从 2011 年 5 月《成渝经济区区域规划》出台，到 2016 年 3 月《成渝城市群发展规划》印发，再到 2021 年 10 月《成渝地区双城经济圈建设规划纲要》发布，川渝两地一体化发展理念贯穿始终。对此，姚士谋等研究了四川盆地城市群的形成和发展条件、基本特征及发展趋势；① 袁安贵从区域经济学角度对成渝地区经济空间做了研究分析；② 薛源提出了成渝地区产业结构演进与城镇化协调发展的路径；③ 何丰重点探讨了成渝地区空间结构与发展趋势；④ 谭穗对成渝地区协同发展治理的困境及化解方式做了深入探讨；⑤ 刘登娟、吕一清研究了在长江经济带"共抓大保护，不搞大开发"背景下，成渝地区如何协调生态保护与经济发展之间的关系；⑥ 四川省社会科学院和重庆市社会科学院主持的国家级课题"成渝经济区发展思路研究"对成渝地区的空间集聚特征、城镇职能分工与规模等级体系、城市空间布局等进行了研究，提出成渝地区的实质是以成都、重庆两个特大城市为核心，以成都都市圈、重庆都市圈、川南城市群、川中城市群、成内渝经济带、成遂渝经济带等多个城市群为主体的城市集群。⑦ 综观国内学者对成渝地区的研究，一直在拓展新的领域，不断取得新突破。

国家发展和改革委员会城市和小城镇改革发展中心（以下简称"城市中心"）长期参与国家有关成渝地区区域协调发展的政策文件起草和咨询工作，承接了成渝地区多层次、多类型、多尺度的规划课题与项目，在成渝地区双城经济圈的相关研究中，积累了丰富的研究

① 姚士谋、陈振光、吴松、王波：《我国城市群区战略规划的关键问题》，《经济地理》2008 年第 4 期。
② 袁安贵：《成渝城市群经济空间发展研究》，西南财经大学博士学位论文，2008。
③ 薛源：《成渝城市群产业结构演进与城镇化协调发展研究》，西南大学硕士学位论文，2016。
④ 何丰：《成渝城市群空间结构与发展趋势研究》，四川省社会科学院硕士学位论文，2016。
⑤ 谭穗：《成渝城市群发展中地方政府协同治理的困境及化解研究》，西南大学硕士学位论文，2017。
⑥ 刘登娟、吕一清：《长江经济带成渝城市群环境与经济协调发展评价》，《经济体制改革》2017 年第 2 期。
⑦ 钟海燕：《成渝城市群研究》，四川大学博士学位论文，2006。

经验和成果。2019 年，城市中心成立课题组，由闵希莹牵头负责，胡天新、顾永涛等为主要成员，开展"促进成渝城市群高质量崛起总体思路和重大举措研究"课题研究工作，该课题已在 2020 年底完成。本书以该课题主要成果为基础，并结合城市中心承接的多个研究课题成果，力求从政策、理论、实践等多维度进行创新研究。本书选取的研究案例注重类型的多元化，包括四川省"一干多支、五区协同"、内（江）自（贡）同城化发展、阆（中）苍（溪）南（部）一体化发展、广安—达州川渝毗邻地区协同发展等。

城市中心课题组将以编著本书为契机，持续跟踪研究成渝地区双城经济圈，希望与所有关心成渝地区双城经济圈的专家、学者、管理者探讨，让不同的声音和观点交流碰撞，为成渝地区双城经济圈的健康成长凝聚共识，为区域协调发展大局汇聚力量！

目　录

上　篇

下 篇

上　篇

第一章　成渝地区双城经济圈的
发展历程回顾

刘长辉

一　成渝地区双城经济圈的时代蕴意

（一）对贯彻高质量发展区域经济布局新理念具有重要意义

实现高质量的区域经济布局是贯彻新发展理念、建设现代化经济体系的重要支撑。党的十八大以来，各地区围绕促进区域协调发展，在建立健全区域协作机制和跨区域的利益补偿机制等方面进行了积极探索，并取得了一定成效。以京津冀协同发展、长江经济带发展、粤港澳大湾区建设、长三角一体化发展、黄河流域生态保护和高质量发展等区域重大战略为引领，促进区域间相互协同发展。2020 年 1 月 3 日，中央财经委员会第六次会议提出推动建设成渝地区双城经济圈。这是在"成渝经济区""成渝城市群"战略基础上，中央对成渝地区提出的又一重大战略举措。推动成渝地区双城经济圈建设，有利于全面深入地落实区域协调发展战略的各项任务，形成西部、东北、中部、东部四大板块协同共进的空间格局，促进区域协调发展向更高水平和更高质量迈进。

（二）对实现"陆海内外联动、东西双向互济"具有重要意义

在国家"一带一路"倡议和长江经济带战略背景下，国家空间格局逐步从单向开放向全面开放的总体策略转型。成渝地区双城经济圈作为西部地区连接南北丝绸之路和长江经济带的重要枢纽，具有独特的区位。2019 年 8 月，国家发展改革委发布《西部陆海新通道总体规划》，提出了建设一条"北接丝绸之路经济带、南连 21 世纪海上丝绸之路、协同衔接长江经济带"的陆海双向开放新廊道。2019 年 10 月 13 日，重庆、四川等西部 12 个省区市以及海南省和广东省湛江市，签订了框架协议，合作共建西部陆海新通道。成渝地区双城经济圈作为西部陆海新通道的重要组成部分，对"联通内外、衔接东西"具有不可替代的重要作用。

（三）对构建双核城市群一体化发展新格局具有重要意义

中心城市通常是指在一定区域范围内，综合实力较周边城市强大，经济辐射力超出了自身管辖的行政范围，可以辐射带动周边区域发展的特大城市或大城市。通常来说，城市群都是"双子星"或"三足鼎立"的区域发展格局，比如长三角城市群的上海、杭州、苏州以及珠三角城市群的深圳、广州。2005 年，住房和城乡建设部编制的《全国城镇体系规划（2006—2020 年）》首次提出建设国家中心城市这一概念。2010 年 2 月，《全国城镇体系规划纲要（2010—2020 年）》明确提出建设五大国家中心城市（北京、天津、上海、广州、重庆）。2016 年 4 月，《成渝城市群发展规划》明确提出，成都、重庆以建设国家中心城市为目标，增强西部地区经济中心、科技

中心、文创中心、对外交往中心和综合交通枢纽的功能。按照建设国家中心城市的具体要求，成渝两市重点应在突出的国际影响力、强大的区域辐射力、持续的创新引领能力、优越的生活品质、独特的文化魅力五大方面实现突破，提升核心竞争力。

（四）对筑牢长江经济带生态安全屏障具有重要意义

2016年3月，中共中央政治局审议通过《长江经济带发展规划纲要》。成渝地区双城经济圈是长江经济带"一轴、两翼、三极、多点"空间格局的重要一极。作为长江中上游最重要的城市群，成渝地区双城经济圈要统筹协调好发展与保护的关系。按照"共抓大保护，不搞大开发"的要求，统筹山水林田湖草等生态要素，实施好生态修复和环境保护工程。"不搞大开发"并不是不发展，成渝地区双城经济圈应积极探索出一条生态优先、绿色发展道路，让绿水青山产生巨大的生态价值、经济价值和社会价值，发挥成都、重庆双引擎的带动和支撑作用，推进资源整合与一体化发展，促进经济建设与生态环境相协调。

二　成渝地区双城经济圈发展历程回顾

改革开放以来，我国的经济发展战略调整为"东部沿海优先发展"，这一时期成渝地区与东部沿海地区拉开了差距。"三线建设"结束后，大批劳动力流向东部地区，成渝地区经济增速有所下降。当时重庆是四川省辖市，四川面积有57万平方公里，拥有1.1亿人口，但整体经济实力偏弱，仅重庆发展较好。因此，中央基于对四川整体情况的统筹考虑，决定将重庆作为直辖市独立出来。邓小平同志曾说

"四川省太大，可以考虑把四川省分为两个省，一个以重庆为中心，一个以成都为中心"。1997 年，在经过了长时间的酝酿之后，重庆成为直辖市，成渝地区的合作也从这一次分治开始。

（一）"打基础"阶段

1999 年 9 月，党的十五届四中全会正式提出要实施西部大开发战略。成渝地区作为西部大开发中最重要的经济增长极，两地经济合作不断深化。2004 年国务院西部开发办规划组发布《中国西部大开发中重点经济带研究》，提出"长江上游经济带的空间布局特征是'蝌蚪型经济带'，区域中心是成渝经济区"。同年 2 月，四川省与重庆市签署了《关于加强川渝经济社会领域合作　共谋长江上游经济区发展的框架协议》。

这个时期成渝地区的合作主要是界定概念、达成共识以及确定目标，属于"打基础"阶段。襄渝铁路、成渝高速、内宜高速、成绵和成雅高速相继建成通车，成渝地区主要城市间的交流更加顺畅，城市联系更加紧密。随着 2000 年四川完成地级市体系的设立，成渝地区的行政体制框架基本搭建完成。有了这些基础，成渝两地的合作成为必然趋势。

（二）"搭框架"阶段

2005 年 9 月，由四川省社会科学院和重庆市社会科学院牵头，联合国内外数十位专家完成了国家发展改革委"十一五"规划招标课题"共建繁荣：成渝经济区发展思路研究报告——面向未来的七点策略和行动计划"，首次明确界定了成渝经济区的范围。在此基础上，国家发展改革委把成渝地区列为"十一五"经济区规划的试点地区。同年 10

月,《中共中央关于制定国民经济和社会发展第十一个五年规划的建议》中将成渝地区纳入国家"十一五"重点发展区域,明确提出要促进区域协调发展。由此,四川和重庆两省市政府间的区域合作意识大大增强,有关成渝地区发展的相关事件成为社会普遍关注的热点。

2007 年 6 月,《国家发展改革委关于批准重庆市和成都市设立全国统筹城乡综合配套改革试验区的通知》(发改经体〔2007〕1248号)批准成都和重庆设立全国统筹城乡综合配套改革试验区。这是继上海浦东新区、天津滨海新区被国务院批准为国家综合改革试验区之后,国家首次在西部地区批准设立综合改革试验区。国家对成都和重庆提出了明确要求,要从两地实际出发,全面推进各项领域的体制改革,尽快形成统筹城乡发展的体制机制,并在重点领域和关键环节促进两市经济社会协调发展,发挥示范和带动作用。

"成渝经济区"与"成渝城市群"规划是进入 21 世纪后,成渝地区开启新一轮区域合作的最重要标志。2007 年 4 月,川渝两省市共同签署了《关于推进川渝合作共建成渝经济区的协议》和涉及交通、工业、旅游等职能部门的合作协议,进一步明确了川渝协作的总体框架。同年,由住房和城乡建设部牵头,联合重庆市人民政府与四川省人民政府共同启动编制《成渝城镇群协调发展规划》。该规划提出"积极培育西部地区具有全国影响的经济增长极,引导成渝地区城镇化健康发展"。随后,在 2011 年 5 月,国务院又正式批复了《成渝经济区区域规划》;在 2016 年,国务院批复同意《成渝城市群发展规划》,成渝地区在国家的战略定位得到了进一步明确。

(三)"抓落实"阶段

成渝地区的发展取得了很好的成绩,但从区域协作的角度来看,依然存在竞争大于合作的情况。在中共中央确定顶层设计和制度框架后，成渝地区区域协作进入了"抓落实"阶段。

为了解决好成渝"背向发展"问题，自2016年开始，两省市开始密集地签订一系列合作框架协议，重点在中微观层面制定出台关于产业布局、基础设施建设、要素整合等专项政策，并根据两市协同发展的要求加快落实。

2016年6月，川渝两省市召开了"重庆·四川深化合作交流座谈会"，最终签署"1+10"项合作协议，合作的内容包括工业和信息化、食品药品安全、产业园区、应急管理、川剧与石窟、人力资源、社会保障、公共服务、通信行业等多个领域，涉及的部门不仅包括省级政府，更关联到地级市的行政单位（见表1-1）。这表明了成渝地区的协同发展正在向更深层次推进。[1]

表1-1 川渝地区"1+10"项合作协议

分类	主体	内容
1	四川省政府、重庆市政府	《深化川渝务实合作2016年重点工作方案》
10	成渝两地应急管理办公室	《进一步加强应急管理合作协议》
	成渝两地经信委	《工业和信息化合作协议》
	成渝两地经信委、广安市人民政府	《合作共建产业园区协议》
	成渝两地人社局	《共同推动两地人力资源社会保障公共服务互助发展合作协议》
	原重庆市文化委、原四川省文化厅	《川剧发展及石窟保护合作协议》
	成渝两地食药监局	《区域食品药品安全稽查执法合作协议》
	成渝两地通信管理局	《信息通信行业监管区域合作协议》
	重庆万州市人民政府、四川达州市人民政府	《万州达州战略合作框架协议》
	重庆渝北区人民政府、四川邻水县人民政府	《渝北邻水战略合作框架协议》
	重庆荣昌区人民政府、四川隆昌县人民政府	《荣昌隆昌共建川渝合作荣隆工业园框架协议》

---

[1] 谭穗：《成渝城市群发展中地方政府协同治理的困境及化解研究》，西南大学硕士学位论文，2017。

2020 年 10 月 16 日，中共中央政治局审议通过《成渝地区双城经济圈建设规划纲要》（见表 1-2），这是中共中央对成渝地区区域协调发展的重要指导纲领。随着国内国际环境发生深刻而复杂的变化，推动成渝地区双城经济圈建设，对于优化我国高质量发展的区域经济布局有着重要意义，有利于拓展市场空间、优化和稳定产业链供应链，是一项事关构建以国内大循环为主体、国内国际双循环相互促进新发展格局的重大战略举措。在此背景下，成渝地区双城经济圈被提升至国家战略高度，两省市的区域协作意识将进一步增强，成渝地区的协同发展领域将更加广泛、形式将更加多样、层次也将更加深入。

表 1-2　协同发展大事记

时间	主体	内容
20 世纪 90 年代初	西南六省区市	西南六省区市七方经济协调会
2001 年 12 月	成都市、重庆市	《重庆—成都经济合作会谈纪要》提出携手打造"成渝经济走廊"
2004 年 2 月	四川、重庆	"1+6"合作会议
2004 年 2 月	四川、重庆	四川、重庆两省市道路运输发展框架协议
2007 年 4 月	四川、重庆	《关于推进川渝合作共建成渝经济区的协议》
2007 年 4 月	住房和城乡建设部、四川、重庆	启动编制《成渝城镇群协调发展规划》
2008 年 10 月	四川、重庆	四川省人民政府、重庆市人民政府《关于深化川渝经济合作框架协议》
2008 年 10 月	四川、重庆	《川渝毗邻地区合作互动框架协议》
2008 年 10 月	四川、重庆	川渝两地省市合作项目签约
2009 年 10 月	国家发展改革委、四川、重庆	组织编制《成渝经济区区域规划》
2009 年 12 月	四川	《关于加快"一极一轴一区块"建设推进成渝经济区发展的指导意见》

续表

时间	主体	内容
2011 年 11 月	四川	推出成渝经济区综合门户网站"成渝区网"
2012 年 9 月	四川、重庆	全国知名民营企业家四川行暨第七届泛成渝经济区商会合作峰会
2013 年 3 月	重庆	《关于将重庆成都城市群建设成为引领西部地区发展的国家级城市群的建议》
2014 年 3 月	中共中央、国务院	《国家新型城镇化规划(2014—2020 年)》
2016 年 4 月	国家发展改革委、住房和城乡建设部	《成渝城市群发展规划》
2020 年 10 月	中共中央政治局	审议通过《成渝地区双城经济圈建设规划纲要》

第二章　国外多中心城市群理论、案例及启示

周　静

一　国外相关理论概述

（一）城市群的概念

学者戈特曼认为城市群有五个标准：一是一定区域内有相对密集的城市建成区；二是有一定数量的核心大城市，且核心大城市与都市区外围区域的社会经济联系较为紧密；三是交通走廊把核心城市紧密地串联起来，每个都市区之间都有紧密的社会经济关联；四是城市群范围内有 2500 万左右的人口；五是该城市群处于国家的核心区域，同时也属于国际交通枢纽。《2010 中国城市群发展报告》则初步提出了关于城市群的中国标准：一是"城市群内都市圈或大城市数量不少于 3 个，至少以 1 个特大或超大城市为核心"；二是"人口规模不低于 2000 万人"；三是"城市化水平大于 50%，非农产业产值比重超 70%"；四是"人均 GDP 超过 3000 美元，经济密度大于 500 万元人民币/公里²"。欧盟关于城市群的定义是在特定的区域范围内由较

多数量的性质类型和等级规模不同的城市组成，依托自然生态环境条件，以一个或若干特大城市为核心，具有良好的交通通达性以及高度发达的现代化信息网络，且城市个体之间有密切的内在联系，共同构成一个城市"集合体"。

近年来，全球形势严峻，经济发展面临很大的不确定性，国家竞争力的重要性更为凸显。而这个竞争力不再是单个世界级城市能够达到的，而是以城市群和都市圈为单位，营造更大尺度的、区域范围的全面的竞争力，一个国家的城市群作为一个更大的经济实体，作为区域实现经济发展的增长极，参与全球竞争。

1. 规模、等级对区域内城市功能分工的影响

从人口规模来看，莱茵鲁尔地区有约 1200 万人，其中科隆是人口规模最大的城市，约 96 万人；比利时佛兰德地区有 606 万人，其中布鲁塞尔是人口规模最大的城市，约 101 万人；荷兰兰斯塔德地区有 660 万人，其中阿姆斯特丹是人口规模最大的城市，约 74 万人。但这几个欧洲典型多中心城市区域的人口规模仅为中国一个特大城市的体量。从功能聚集程度来看，规模相对小的城市更有功能单一化的倾向，即容易促成城市群的产业分工，城市群内的居民在通勤、娱乐等方面的联系频繁，城市群以一个整体开展着经济活动和吸引着人口流入。从莱茵鲁尔地区的劳动力市场数据来看，多中心城市区域在通勤和自容性两个方面表现突出。而成渝城市群中的中小规模城市的体量已足够大，可以形成较为完整的、自给自足的城市功能体系。由此，城市间的同质性自然更强，产业分工协作和跨城市通勤的必要性自然更弱。再加上中国城市间存在户籍和市场等方面的壁垒，城市间的最基本的流通面临一定的障碍。

2. 区域定位和功能互补结构的假设与探索

从欧盟的规划层面来看，《欧洲空间发展展望》（以下简称《展望》），以欧洲共同体为目标，强调城市和区域均衡发展，以促进欧洲整体发展，但一直备受争议。《展望》不断调整多中心主义概念，试图把区域平衡发展、跨城市合作与竞争和增强国际竞争力等目标联系在一起。无论是多中心城市、网络城市还是城市群的概念一直存在这样一种假设，即在这些空间位置比较相近的城市集群中，单个城市间以协同合作的方式相关联，通过合作和互补关系以及所产生的外部性，使多中心城市区域的影响力比单个城市影响力的总和更显著。

欧洲多中心城市区域功能的互补性一直以市场化的方式或多或少地存在。莱茵鲁尔地区的主要城市形成了不同的经济形象。从莱茵鲁尔地区的公司地理范围和商业网络量化分析可以看出，多中心城市区域的经济核间存在产业分工，如保险、广告、设计、咨询等具有区域特色的高端生产性服务业更多的是分布在高等级城市的核心区。其中，科隆和杜塞尔多夫构成了区域的广告业高地，而埃森则偏重于管理咨询、法律和会计行业，物流业主要集中分布在科隆、多特蒙德和杜伊斯堡。高等级城市之间的联系非常紧密，而对于低等级城市是否参与了城市网络功能分工一直存在争议。但有研究显示，低等级城市也在管理咨询、广告和物流等领域受到了积极的辐射。

3. 多中心城市区域政府间的规划和合作缺乏明确效果

从荷兰和德国的案例可以看出，多中心城市区域不是一级行政单元，较难在州或者省级层面的空间规划和战略中体现出来。莱茵鲁尔地区在州的行政辖区范围内，兰斯塔德地区跨了多个省。两个多中心城市区域的战略性规划较难协调各个城市之间的利益，同时多中心城市区域的战略地位和规划得不到上级政府的认可，无法融入国家空间管理架构，不能形成清晰的、连续的区域形象。多中心城市区域临时成立的管委会也被证明无法持久，但是有些协作取得的成效还是很显著的。例如，荷兰官方成立了兰斯塔德地区协作性平台，所涉及的四个省、四大城市及其他城市间开展了联合行动。该平台负责与中央政府一起讨论兰斯塔德地区发展问题。该区域还存在许多小规模和非正式的合作平台，如"绿心行政管理平台"等，其主要任务是增进区域内利益主体间的信任，并就区域开发空间问题达成共识，寻求积极有效的解决途径。荷兰民众认为，兰斯塔德地区仍只是形式上的而非功能性的多中心，区域内壁垒终会被消除，但是这一过程非常缓慢。德国民众认为，区域协作主要依赖于区域组织能力。尽管莱茵鲁尔地区的劳动力部门有一定程度的分工，但是城市间并未建立起功能性联结。州政府对该区域的经济引导模式是鼓励发展12个"能力领域"，以求强化区域多中心间互相有关联的领域和行业，从而促进经济发展。这些领域多是建立在既有产业的价值链上。

对企业和商业组织的调查访谈显示，尽管城市群可以包容更广泛的要素、市场和环境，但企业和商业组织缺乏对城市互补关系、区域统一性的认知，未对"隐藏式分工"的发展潜力和优势有深入考虑，甚至不认为整个区域可以成为一个整体运作的单元。在选址上，多中心在城市区域的总部仍倾向于选择区域内的最大城市，如兰斯塔德地区的阿姆斯特丹、莱茵鲁尔地区的科隆或杜塞尔多夫。但同时认为多中心城市区域在市场、客户和高级技术人才等方面拥有良好的条件，具有与大都市或都市圈相当的区域优势。

（二）世界主要城市群分布概况

国外经济地理学者研究发现，城市群一般分布在地理位置优越、自然条件良好的地区。国内外城市群均位于适宜人类居住的中纬度平原地带。

北美洲主要有三个城市群：一是美国东北部大西洋沿岸城市群，简称波士华（Boswash），是目前世界上最大的城市群，属于美国经济核心地带，其制造业产值占全国的30%。该城市群地理范围北起波士顿，南至华盛顿，包括波士顿、纽约、费城、巴尔的摩、华盛顿5个城市以及附近的40多个城镇，人口约6500万人，城市化率高达90%以上。二是北美五大湖城市群，又称"大湖区大城市群"。该城市群的地理范围从芝加哥、底特律、匹兹堡一直延伸到加拿大的多伦多和蒙特利尔，拥有各种规模的城市约35个。三是美国西南部太平洋沿岸的圣地亚哥—旧金山城市群，也是著名的旧金山湾区。该城市群地理范围以洛杉矶为中心，从加利福尼亚南部的圣地亚哥，经洛杉矶、圣塔芭芭拉、圣约金谷地到旧金山海湾地区和萨克拉门托，人口约2000万人。

欧洲可以划分为四个城市群，即英国的伦敦城市群、法国的巴黎城市群、德国的莱茵鲁尔城市群、荷兰的兰斯塔德城市群。伦敦城市群是英国产业最密集的地区和经济核心区，经济总量约占英国的80%，地理范围包含伦敦大城市圈、伯明翰城市经济圈、利物浦城市经济圈、曼彻斯特城市经济圈、利兹城市经济圈，以及10多个中小城市，总面积达4.5万平方公里，占全国总面积的18.4%，人口3650万人，占全国总人口的比重超过65%。法国的巴黎城市群以巴黎为核心，沿塞纳河形成包括鲁昂、勒阿弗尔等城市在内的带状城市群。它的形成是为了抑制巴黎大都市区的蔓延,人为地改变原来向内聚集的城市发展趋势,跳出都市区在更大范围内规划布局工业和人口。德国的莱茵鲁尔城市群是历史上工矿业繁荣的地区,地理范围包括北莱茵—威斯特法伦州的 5 个行政区,覆盖波恩、科隆、杜塞尔多夫、埃森等 20 多个城市,其中有 5 个人口达 50 万~100 万人的欧洲大城市。荷兰的兰斯塔德城市群是一个环抱中央绿心的环状多中心城市区域,包括阿姆斯特丹、鹿特丹、海牙、乌得勒支 4 个大城市,以及哈勒姆、莱登等若干个中小城市,其特点是各城市间的距离很近。

亚洲城市群方面有著名的日本"太平洋沿岸城市群",包括 10 个人口在 100 万人以上的大城市(占 90% 以上),有东京、名古屋、大阪 3 个城市圈,横滨、川崎、名古屋、大阪、神户、京都等大城市以及 300 多个其他城市。该带状地带面积超 10 万平方公里,占全国面积的 32% 左右;人口近 7000 万人,占全国总人口的 63% 以上,集中了日本 60% 以上的工业企业。

(三)世界典型城市群发展的规律总结

1. 城市群的形成是一个有机的过程

美国、英国、法国、日本的城市群都是随着城市化的推进而出现的,虽然各具特色,但都经历了"中心城市壮大—核心城市外扩—城郊融合发展—多核心都市圈域合作发展—城市群域协调发展"五个阶段。第一阶段是区域内的中心城市不断演化发展,由小到大、由弱到强,逐渐发展为区域核心城市,从而形成区域城市圈;第二阶段是核心城市因规模太大而产生了一系列不经济现象,导致恶性循环,由此内生了一股"外溢"力量,促使城市向郊区外扩;第三阶段是城郊一体化的基础设施加快建设，如轨道交通、能源供应、水资源供应、废弃物处理等，大城市郊区不再是核心城市的附属，而是大城市经济圈中不可缺少的重要功能区；第四阶段是城市经济圈经济发展和规模扩大促使若干城市经济圈相互重叠、渗透、融合，形成了规模更大的城市群；第五阶段是城市群引入环保、集约等发展理念，通过资源整合、产业整合、功能整合、管理整合，增强全球竞争力，提高可持续发展能力。这五个阶段显示了城市群发展由小到大、由中心到外围的阶段性，是城市群发展的一般规律。

2. 具有强大的聚集和辐射能力

在城市群产生的经济效应方面，世界各城市群都在本国、本地区经济发展中发挥着中枢作用。国外典型的城市群往往都是国家或洲际的中枢，乃至全世界的经济中心，常常集外贸门户职能、现代化工业职能、商业金融职能、文化先导职能于一体，成为国家经济最发达、效益最高的地区，具有增进国际间联系的最佳区位优势，是新技术、新思想的"孵化器"，对国家、地区乃至世界经济发展具有中枢的支配作用。例如，美国东北部大西洋沿岸城市群是美国最重要的工商业区，其中华盛顿是美国的首都，纽约是联合国总部所在地，表明这一核心区域不仅是美国的政治中心，而且是世界政治活动的中心地。英国的伦敦城市群占全国总面积的 18.4%，集聚了英国约 70% 的人口、80% 左右的经济总量，集中了英国 4 个主要大城市即伦敦、伯明翰、利物浦、曼彻斯特和 10 多个中小城市，是英国产业密集带和经济核心区。日本城市群集中了日本一半以上的人口和 2/3 的工业产值，是日本经济社会的主体部分。

3. 演化出合理的分工协作体系

在演化出合理的分工协作体系方面，美国东北部大西洋沿岸城市群可作为例证。纽约是该城市群的核心，是全美甚至全世界的金融中心，主导着世界的金融、证券和外汇市场。纽约是美国和国际大公司总部的集中地，同时是各种专业管理机构和服务部门的聚集地。费城作为该城市群的第二大城市，重工业发达，是美国东海岸的主要炼油中心和钢铁、造船基地。波士顿是有名的文化中心，拥有世界闻名的哈佛大学、麻省理工学院。以波士顿为中心的128号公路环形科技园区已形成一个高技术工业群，是仅次于硅谷的全美微电子技术中心。华盛顿是美国的首都，也是美国的政治中心。这一城市群内有多个港口，各港口在发展中有了合理的分工：纽约港是商港，以集装箱运输为主；费城港主要从事近海货运业务；巴尔的摩港是矿石、煤和谷物的转运港；而波士顿则是以转运地方产品为主的商港，同时兼有海港的性质。在日本东京城市圈内，城市间的分工也十分明确：千叶是原料输入港，横滨专攻对外贸易，东京主营内贸，川崎为企业输送原材料和制成品。从以上主要城市、港口的分析可以看出，这些城市群都有各自的特殊职能以及优势产业部门，并且彼此间紧密相连，在共同市场的基础上，各种生产要素在城市群内流动，促使人口和经济活动在更大规模上集聚，形成了城市群巨大的整体效应。

4. 发展注重发挥政府的协调作用

1964年，英国创建了"大伦敦议会"，专门负责大伦敦城市群的管理与发展问题。1980年初期，随着大伦敦和其他大都市郡议会的废除，几乎不存在任何由中央批准或赞助的区域规划行为，但是这并不意味着这一巨大的城市群没有协调性管理。依据1985年《地方政府法案》，中央政府通过当时的环境部承担了这一地区的战略规划职能。但是，撒切尔夫人执政期间，在公共政策领域鼓励发挥市场机制的作用，这对提高政策的协调性和战略性而言收效甚微，直接造成了一些大型项目规划无法实施，投资难以协调，环境也难以得到保护。种种迹象表明，重新建立一种新型的城市群协调机制势在必行。1990年以来，大伦敦地区制定了战略规划指引（Strategic Planning Guidance，SPG），以维持整个城市群战略规划的一致性和协调性。法国巴黎城市群也是在政府的推动下发展起来的。1958年巴黎制定了地区规划，并于1961年成立了"地区整顿委员会"（PADOG）。1965年制定的巴黎地区战略规划强调了"保护旧市区、重建副中心、发展新城镇、爱护自然村"的方针，摒弃在一个地区内修建单一大中心城市的传统发展模式，代之以规划一个新的多中心布局的区域，使巴黎的发展进入新的轨道。在政府规划的实施过程中，法国巴黎—鲁昂—勒阿弗尔城市群逐渐发展起来。

5. 巨型城市区域是未来的发展趋势

英国著名的城市学家彼得·霍尔（Peter Hall）等认为，巨型城市区域（Megacity Regions）是21世纪世界城市发展的新形态，也是其未来发展趋势，[①] 主要有三种形态：第一种是单中心的大都市区，如伦敦、巴黎、东京的都市圈，体现为在150公里范围内包含30~40个大大小小的城市中心，但是有一个占绝对主导地位并在世界城市中拥有绝对竞争力。第二种是城市连绵区，如美国的旧金山湾区，在市场化的发展模式下，形成了环湾的连绵城市发展带。第三种是多中心城市区域（Polycentric Urban Region），其被认为是介于城市连绵区发展模式和大都市区发展模式之间的一种空间形态。这种形态多存在于欧洲地区，例如荷兰的兰斯塔德地区、德国的莱茵鲁尔地

---

① 〔英〕彼得·霍尔、凯西·佩恩编著《多中心大都市——来自欧洲巨型城市区域的经验》，罗震东等译，中国建筑工业出版社，2010。

区、比利时的中部地区等。这与欧洲国家历史和现行的分权的联邦政府系统、分散的渔区主义有关，缺乏形成占主导地位的单个大都市区的政治驱动力。从外界看来，这种城市群以网络城市的形式形成一个整体，并与国际上其他的大都区展开竞争。我们虽然较难掌控城市群的形成机制，但是可以基于既有的多中心城市区域的模式来研究分级、功能分工、协作领域和政策应对等内容，以期为我国城市群的发展提供有益参考。

二　典型案例分析

（一）美国旧金山湾区

1. 特色分明的区域功能分区

加利福尼亚州的旧金山湾区兴起于 19 世纪的美洲"淘金热"时期，颇具移民文化特征。目前，这里仍然是最受高科技移民欢迎的地区，汇集了全美半数以上的外籍精英。从功能分工看，旧金山市是政治、金融、文化教育中心；南湾以圣何塞为代表，汇聚高科技产业和金融、旅游及服务业，是享誉全球的硅谷所在地。东湾以奥克兰为核心，是传统港口和工业所在地；半岛地区是湾区房产最热门的区域；北湾没有主导的大城市，但以酒乡和美食著名（见图 2-1）。

2. 区域内交通的高度协调

一是快速轨道系统（BART）和加州通勤铁路连接湾区各城市，BART 的 6 条线路涵盖了旧金山湾区的大部分区域，加州通勤铁路连接旧金山和硅谷两个区域，完备的交通系统使得城市间的通勤非常便捷，年乘客量超过 1 亿人次。二是海港空港协同效应强。

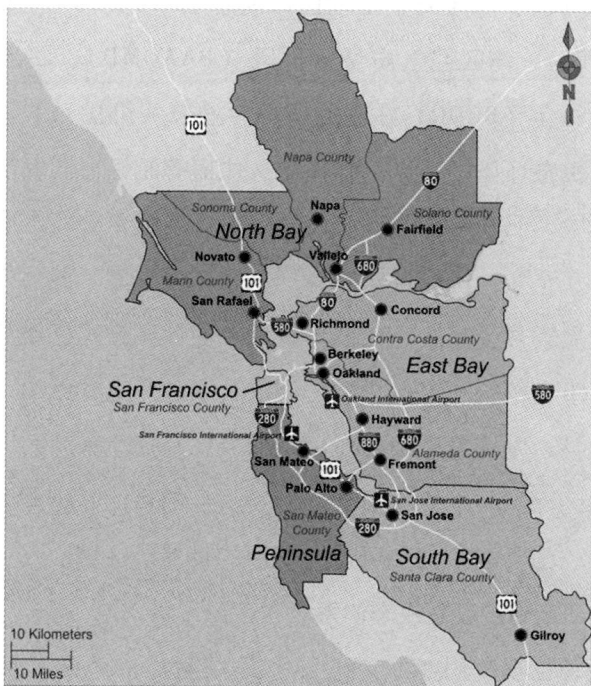

图 2-1　旧金山湾区分区示意

资料来源：Wikitravel。

湾区内几大港口聚集，秩序井然，鲜有内部竞争。旧金山港是世界级邮轮母港、世界三大天然良港之一。红木城港是南湾唯一的深水港，主要服务于旧金山、硅谷和圣何塞，里士满港主要负责汽车和液体散货运输，奥克兰港是旧金山最大的集装箱船运码头。区内三大机场分工明确。旧金山国际机场以国际航线为主，兼营部分国内航线；奥克兰国际机场和圣何塞机场以国内航线为主。

3. 设立了跨区域的协调机构

美国主张"小政府、大社会"的社会管理模式。加州政府并没有州一级的政府规划部门负责统筹协调湾区事务，但旧金山湾区的城市政府自发组建了包括旧金山湾区政府协会（ABAG）、大都会交通委员会（MTC）、湾区空气质量管理区（BAAQMD）、旧金山湾区保护与发展委员会（BCDC）在内的多种专业公共机构，主要负责针对产业分工、生态环境、交通基础设施、住房等制订协同发展战略和投资计划。其中，旧金山湾区政府协会是综合性理事会，主要负责与区内各级政府、企业、机构合作制订规划和实施方案。此外，旧金山湾区保护与发展委员会是一家由商界赞助、商界高管担任委员、致力于与民间公共事务机构和市政机构协作的公共政策宣导组织，服务于湾区9个行政县，发挥着重要的作用。如今，有325家湾区大型企业支持旧金山湾区保护与发展委员会。该委员会的目的是把湾区培育为最具创新能力、国际竞争力和可持续发展的世界级区域。

4. 产学研结合的创新生态体系

可以说，在很大程度上"硅谷"是由斯坦福大学和加州大学各个分校成就的。旧金山湾区高等教育的特点是重视学生和教师的研究成果转化。其大学在"培养最具企业家精神的本科生"排名中居前列。旧金山湾区校企紧密合作，加州州立大学圣荷西分校毕业生是硅谷公司员工的主要来源，其中入职思科和苹果公司的最多。美国大学非常重视科技成果转化。早在20世纪70年代斯坦福大学就成立了美国第一家技术许可办公室，负责学校的发明成果收集、评估，并将具有较高商业价值的成果授权给老师或学生创办的企业、校外企业进行转化，并提供科研资金和设备，开展专利管理。惠普、苹果、谷歌、基因泰克等高科技企业专门在高校设立企业实验室开展实用型产品研究。

5. 政府出台优惠政策和资金支持

政府通过采购扶持新兴产业和中小企业发展，加州政府每年采购金额在 100 亿美元左右。来自政府的财税优惠等政策为促进企业创新创造条件，除了联邦政府出台的研发税收抵扣政策外，加州政府还有针对科技企业的专项优惠政策。例如，2012 年旧金山湾区减免科技公司 1.5% 工资税的政策，吸引了 Uber、Twitter、Airbnb 等公司落户。此外，旧金山湾区高校也得到了联邦政府和州政府的大力支持。联邦政府为公立大学和私立大学中大量的低收入家庭学生入学经费提供资助，除加州大学外，绝大部分公立大学的教育经费和科研经费也由州政府拨付。以 2015 年为例，旧金山湾区内 5 所研究型大学的科研经费合计将近 40 亿美元，其中有 48% 来自联邦政府拨款。加州政府是美国所有州政府中科研经费投入最大的州。

（二）德国莱茵鲁尔地区

1. 基本情况

德国莱茵鲁尔区是欧洲最重要的工业区之一，有"德国工业引擎"之称，以采煤、钢铁、化学、机械制造等重工业为支柱产业，辖区总面积 4593 平方公里，位于德国北莱茵—威斯特法伦州的西部，介于莱茵河及其支流鲁尔河、利珀河之间（见图 2-2）。从 19 世纪中叶开始的一个世纪中，鲁尔区的煤炭产量始终占德国煤炭总产量的 80% 以上、钢产量占 70% 以上。从 20 世纪 50 年代起，受世界能源危机、环境危机、科技革命冲击以及欧洲大陆经济结构改变等影响，鲁尔区陷入结构性危机，主导产业逐渐衰落，环境污染日益加剧，人口大量外流。20 世纪 60 年代，德国联邦政府成立鲁尔煤管区开发协会，负责制定了一系列整治和改造鲁尔区的规划与政策。德国政府从资金、税收等方面扶持开发协会发展，以期促进全区产业结构优化升级。开发协会归州内政部领导，为城市更新的创新之举，当时其不仅是德国独有的机构，而且在世界上也是独一无二的。如今，鲁尔区的转型发展显著成效，成为世界各地老工业区转型的样板。

图 2-2　德国莱茵鲁尔地区

资料来源：medievalist.net。

2.鲁尔协同整体转型升级

一是制定协同规划和分担支出政策。鲁尔区工业快速发展的同时，缺乏土地规划和环境保护措施，造成煤矸石堆积成山、污水遍地、塌陷坑随处可见、居民点布局零乱分散、铁路线杂乱无章的现象，区域形象受到了严重的损害。鲁尔煤管区开发协会的主要责任是编制鲁尔区域整治规划，提出了"以煤钢为基础，发展新兴产业，改善经济结构，拓展交通运输，消除环境污染"的整治目标。协会还负责协调市、县各项建设事业，经费由各市、县分摊。规划内容涉及保护森林绿地、处理地区垃圾、改善环境质量、建设职工休闲所需要的各项文化娱乐设施、促进全区各市县的经济发展、接受各市县的委托咨询、开展全区的测绘工作等。

二是加强矿区生态修复，促进产业升级。鲁尔区各类环境问题日渐突出，植被和大气环境问题比较严峻，而资源枯竭型城市经济转型的首要任务就是环境修复，为此，州政府设立了环境保护机构，并颁布环境保护法令统一规划，强力推行空气污染治理、煤矿山改造、水体修复、雨水利用等，并建立自然保护区，恢复植被和生态环境。州政府提出了"在公园中就业"的理念，要求所有的生产生活必须符合各项生态指标，并每个季度公布生态指标和数据分析。重新利用工业废旧地，通过环境整治打造现代感场所，吸引高新技术企业和高技术人才。发展以旅游业为主的服务行业也是鲁尔区转型策略的重点之一。鲁尔区旅游资源开发的重点是工业化时代留下来的大批厂房、车间和机械构架等工业纪念遗址，将其开发成工业博物馆、景观公园、商品集散地，吸引来自全世界的游客。

3. 莱茵河流域协同治理模式

莱茵河协同治理是一项跨欧洲多国家的系统工程。早在1950年7月莱茵河流域国家德国、瑞士、法国、卢森堡和荷兰就成立了旨在开展莱茵河污染治理的政府间共同框架"莱茵河防止污染委员会"。作为保护莱茵河的主要和具体执行机构，其具有国际法律人资格，将《伯尔尼公约》作为各缔约国和组织未来合作的准则与依据，由缔约国部长参加的部长级全体会议是委员会的最高决策机构。1994年12月，莱茵河防止污染委员会正式更名为"保护莱茵河国际管理委员会"，授权范围拓展至防洪、减灾等。

保护莱茵河国际管理委员会制定了一套完备的流域治理合作框架。委员会实行协作方轮值主席制，每届任期为3年。每2～3年召开一次委员会的部长级会议，每年由负责委员会事务的各国最高级官员召开工作协作会议。委员会下设由12人组成的秘书处，秘书处下设 2 个永久性战略组和 2 个临时性项目组，主要负责准备决议、制定规划、监督实施和协调。委员会下设多个专业协调组和技术组，负责解决技术性问题。特殊任务另由专家组负责。对于委员会制定的总协议和框架政策，各国可以根据具体国情实施，共同做出的项目决策由各国分别执行，费用由各自承担。各合作国有义务向委员会定期报告相关立法和监测、控制措施的落实情况。

在委员会制定的总体框架下，各合作国有权制定各自的法律法规和政策措施，落实流域总体决策。委员会没有立法权，因此也无权对成员国的违规行为进行惩罚。但委员会制定的许多协议属于国际法范畴，形成了保护莱茵河的法律基础，各国签署后便有了共同遵守的责任和义务。以德国为例，在保护莱茵河国际管理委员会工作的各国代表负责协调国内相关机构的关系。每个国家依据协议内容制定各自的法规和规划，并由相关政府部门监督法规落实情况，对于未执行环保法规的企业或机构进行处罚。例如，德国率先提出了"谁污染谁负责，谁污染谁治理"的原则，联邦环保局运用法律手段和现代技术监控重点企业的排放值，而环保不达标将直接影响企业的声誉、形象和经济利益，根据相关法规，其在银行无法获取贷款，产品不为公众所接受，为此，环境保护就成为企业的自律行为，进而有效降低了莱茵河的污染负荷。

（三）英国伦敦城市群

1. 城市群空间结构

伦敦城市群的雏形最早起源于"巴罗委员会"规划的四个同心圈设计，其定义的范围以伦敦—利物浦为主要轴线，包含伦敦、伯明翰、谢菲尔德、曼彻斯特、利物浦等大城市及周边中小城镇，总面积约 4.5 万平方公里，占英国总面积的 18.4%，经济总量占英国的 80% 左右。在伦敦城市群 50 余年的发展历程中发生了由封闭到放射结构的变化，最后形成交通体系完备的圈层式城市群结构。空间结构由内至外可分为 4 个圈层：中心层为伦敦中心区，包括金融城和内城的 12 个区；第二层是伦敦市区，包括内、外伦敦所属的 20 个市辖区；第三层是伦敦大都市区，包括伦敦市及其临近的 11 个郡，即伦敦都市圈的内圈；第四层是伦敦都市圈，包括相邻中小城市，即伦敦都市圈的外圈（见图 2-3）。

2. 城市群内产业梯队转移

经历了几个世纪的发展，伦敦由一个工业中心逐渐演变成世界金融和贸易中心，随着产业结构不断调整，先进的生产服务业使周边主要城市各具特色，分别承担着不同的职能分工，从而使得城市群具有区域综合职能和产业协作优势，形成了多中心的产业网络型格局。为防止中心城区衰落，激发新活力，伦敦政府提出"创意伦敦"的概念，打造"国际设计之都"。预计创意产业将超过金融服务业而成为伦敦最大的产业部门。同时，城市群内英国第二大城市曼彻斯特的产业以电子、化工和印刷为主。近年来，曼彻斯特在商业、金融、旅游、教育等领域的优势凸显，对英国经济产生了极大的影响。伯明翰承接了大批伦敦及其他城市转移的产业，成功实现了传统工业向现代制造业的迅速转型。地方政府为改造"夕阳产业"，提出加快电子工程和汽车制造业发展，使曼彻斯特成为英国主要的制造业中心之一，有全世界规模最大的工业区、金属加工区和汽车工业区。利物浦除了发展传统的船舶制造外，还大力发展商业和旅游业。第三产业逐渐成为利物浦的重要经济支柱。谢菲尔德原本以钢铁制造为主，从 1950 年开始全力转型，目前已形成完整的体育产业链，同

图 2-3　伦敦城市群四圈层结构示意

资料来源：https：//pasarelapr．com/map/geographical-maps-of-england．html。

时也是世界著名的创意产业城市，吸引着从事音乐、电影、电视、电台节目制作、新媒体、设计、摄影、表演艺术及传统工艺创作活动等方面的人才。

3.生态环境区域协同治理

在伦敦城市群的环境治理方面，英国中央政府、大伦敦市政府、区域政府办公室、自治市政府、区域发展局和区域议事厅，以及专门的环境机构都是重要的主体。同时，政府组织以外的社会主体也积极参与环境治理。地方政府间的合作行动与社会主体的广泛参与是伦敦城市群在环境治理中的重要特征，也是环境治理取得成效的主要经验。在环境治理方面，地方政府合作主要表现为大伦敦市政府、伦敦市与各自治市之间的合作和协调。伦敦城市群不是由大伦敦市政府垄断所有的地方行政权力，而是各地方政府一道，共同分享行政权，合作开展公共治理，特别是在环境保护（如跨界生物多样性、大气排放、水质保持等流域环保）方面。虽然大伦敦市政府在层级上高于伦敦市和大伦敦区内的自治市政府，但是 33 个自治市仍然处于自治状态。

大伦敦市政府与伦敦自治市议会之间职能分工明确、权责划分清晰，避免了两级政府之间互相推诿，有利于发挥各自的优势，有利于彼此合作和意愿的表达。大伦敦市政府与各自治市和伦敦市政府共同推动了中央政府采取弥补方案，以积累流域治理经验。大伦敦市政府与各域内政府的协调更多的是体现为流域内统一行动和发展规划，着重于执行全国环境政策，以便步调一致、分工协作。从大伦敦市的空间关系看，伦敦城、内伦敦与外伦敦各区域的地方政府所面临的问题是不同的。如果按照伦敦城、西伦敦、东伦敦、南区、港口区与郊区的划分方法，泰晤士河流域的环境保护与生态建设的具体任务存在区域性差别。因此，不同区域地方政府间必须充分沟通，进行有效合作。

在英国，私有企业对改善空气环境的创新投入丝毫不低于政府。

例如，金融企业野村证券公司参与由伦敦旧城公司发起的城市空气项目，有效合并了食品、办公设备的投递和垃圾清运业务，以减少排放量大的垃圾车运输次数。私有化改革后的泰晤士河水务公司承担伦敦和泰晤士河流域的饮用水、活用水供应和污水处理等业务。该公司向社会筹措资金，向排污者收取排污费，通过发行股票募集资金。同时，该私营公司也会受到政府、环保组织、公益机构、媒体和公民的"无情"监督。

三 对成渝地区双城经济圈的发展借鉴

（一）进一步壮大区域中心城市

城市群内的各城市功能各具特色，有分工发展的趋势，但是从众多城市群案例可以看出，区域内核心城市的极核效应仍然非常明显，其发展变化往往影响着城市群内的每一城市，甚至是城市群整体产业能力和规模体量的决定性因素。因此，一些国家十分重视培育城市群内的核心城市。例如，二战后的日本将东京培育成为"纽约+华盛顿+硅谷+底特律"型、集多种功能于一体的世界级城市。但随着首都功能膨胀，也不得不出台多次功能疏解政策，辐射带动周边多个城市发展，使其科研、制造等能力增强。

2021 年成都首位度达到 36.99%，在全国 27 个内陆省会城市中排名第 4，可见其在四川省经济发展中的重要地位。但是要实现从"省会城市+区域中心城市"向"国家中心城市"的升级，成都还需要继续集聚规模和功能。由中国社会科学院财经战略研究院与联合国人类住区规划署共同发布的《全球城市竞争力报告（2019—2020）：

跨入城市的世界 300 年变局》从全球城市的经济竞争力、可持续发展竞争力、城市评级等方面全方位评价城市发展情况，成都排第 10 位、重庆排第 15 位。成都和重庆要加强核心竞争力，进一步抢抓各种叠加机遇，在创新创造中实现高质量发展，加快建设成为综合实力强、产业和人才聚集度高、创新竞争力优势明显的国家中心城市，在全国乃至全球范围吸纳优质资源要素。

（二）城市群不同等级城市应找准功能定位

城市群发展一方面要发挥市场对资源配置的决定性作用，允许城市间展开充分竞争，避免政策过度倾斜导致区域中心城市虹吸过多区域发展资源；另一方面要战略性引导不同等级的城市增强比较优势，明确有利于提升自身竞争力的功能定位，二级城市应注重与核心城市实现错位发展（包括垂直错位和水平错位）。此外，在一定程度上要注重发挥政府的宏观调控作用，避免由区域特大城市人口和产业过度膨胀带来的城市问题，对区域内落后地区给予适当的激励支持。

（三）加快建设发达的区域性基础设施网络

综观国外城市群的发展历程，现代化交通手段和信息产业的快速发展是主要驱动力。国外城市间建有完备的由高速公路、高速铁路、航道、通信干线、运输管道、电力输送网和给排水管网体系构成的区域性基础设施网络，城市区间人流、物流、信息流交互联通的基础较好。因此，建议我国在建设城市群过程中应从全面提升交通和基础设施水平入手。对于超大城市，考虑在都市圈范围内发展城市地铁、市郊铁路、轻轨电车等大运量交通运输。在城市群内加强城市间公路和铁路的联系，注重国道、省级公路、快速路相结合，并提高换乘效率，合理规划轨道交通的主要站点、汽车站等分布，做好换乘衔接设计。投资基建是区域发展的重中之重，建立跨地区交通整合平台，是国际上惯常的做法。交通一体化平台的"多方参与"是关键，尤其是政府、建设运营方、相关行业或企业协会，以及地方民众的建议，缺一不可。

（四）构建区域协同有效的治理模式

区域发展与协调的过程是区域治理制度完善的过程。因此需要建立适宜不同区域特点的区域治理模式，例如合作型、网络型、垂直型和竞争型等，彻底消除机构互相掣肘的现象。从国外城市群的发展经验来看，区域一级管理机构需要协调的地域跨城市、跨省/州，因此较难成立一级政府，一般以区域发展委员会等形式开展工作。通过战略统筹规划、扫清要素流动的壁垒，促进达成区域合作共识、区域性重大交通基础设施共建共享、区域流域环境综合治理联防联治，实现区域利益和矛盾合理化处置。通过畅通资源、资金、技术、产业等要素流动，逐步形成以劳动地域分工为基础、专业化协作和综合发展相结合的区域经济联合体系。

第三章 成渝地区双城经济圈的发展基础与总体谋划

张雪原　秦　静　文　雯

一　成渝地区双城经济圈的发展条件综合评价

（一）经济总量和增速较快，但辐射带动能力不强

成渝地区在中西部地区经济实力排名靠前且增速较快。2021 年，成渝地区双城经济圈实现生产总值 73919.2 亿元，比上年增长 8.5%，占全国的 6.5%、占西部 12 省区市的 30.8%，总体呈现稳中加固、稳中提质、稳中向好的发展态势。四川省、重庆市的地区生产总值分别为 53851 亿元、27894 亿元，在西部 12 省区市分别排名第 1 位、第 3 位，处于领先位置（见图 3-1）。从全国城市经济总量排名来看，2021 年，重庆、成都的生产总值分别居全国的第 5 位、第 7 位，同比增速达到 8.3%、8.6%，两年平均增速达到 6.1%、6.3%，增速较快，高于全国平均水平，显示出了较强的增长动力（见图 3-2）。

但与长三角、粤港澳大湾区、京津冀地区相比，成渝地区双城经济圈整体实力还有一定的差距。2021 年，成渝地区双城经济圈生产

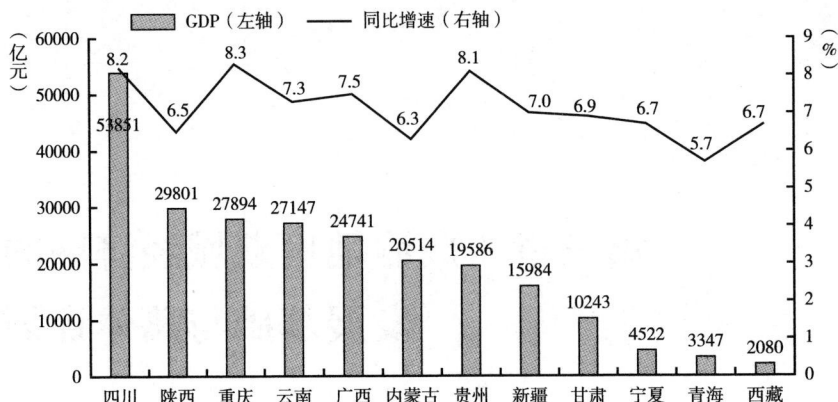

图 3-1　2021 年西部 12 省区市 GDP 及增速

数据来源：各地统计局。

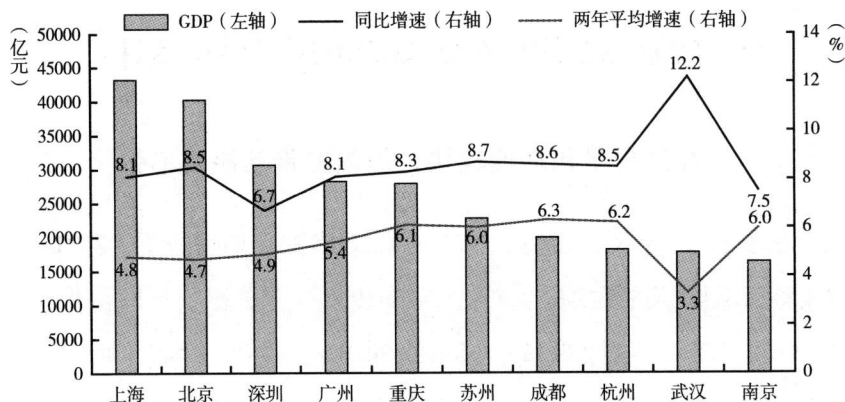

图 3-2　2021 年全国排名前十城市地区生产总值与增速

数据来源：各地统计局。

总值是长三角地区的 27%、粤港澳大湾区的 59%、京津冀地区的 77%（见图 3-3）。同时，成都、重庆"双核独大"现象突出，内部缺少重要节点城市。2021 年，除成都、重庆（主城区）外，仅绵阳市、宜宾市地区生产总值突破 3000 亿元，德阳市、南充市、泸州市、达州市、渝北区、乐山市的地区生产总值为 2000 亿~3000 亿元，13

个市、区的地区生产总值为 1000 亿~2000 亿元，占比达 30%，22 个
市、区的地区生产总值低于 1000 亿元，占比达 50%（见表 3-1）。成
都、重庆强大的经济"虹吸"效应，使得成渝地区双城经济圈范围
内的中小城市发展滞后。中等规模城市缺乏，也弱化了成都、重庆两
座超大城市的整体辐射带动作用，进一步加剧了两城的极化效应。

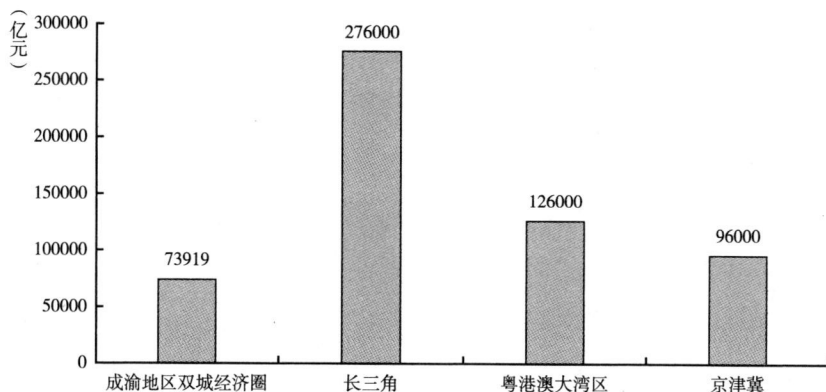

图 3-3　2021 年成渝地区双城经济圈地区生产总值与其他地区比较

数据来源：各地统计局。

表 3-1　2021 年成渝地区双城经济圈各市、区的地区生产总值及增速

单位：亿元，%

序号	市、区	地区生产总值	同比增速
1	成都市	19917.0	8.6
2	绵阳市	3350.3	8.7
3	宜宾市	3148.1	8.9
4	德阳市	2656.6	8.7
5	南充市	2602.0	7.8
6	泸州市	2406.1	8.5
7	达州市	2351.7	8.3
8	渝北区	2235.6	8.5
9	乐山市	2205.2	8.2
10	九龙坡区	1736.4	9.2

续表

序号	市、区	地区生产总值	同比增速
11	内江市	1605.5	8.5
12	自贡市	1601.3	8.3
13	眉山市	1547.9	8.4
14	遂宁市	1519.9	8.2
15	渝中区	1517.7	6.1
16	江北区	1507.1	8.5
17	广安市	1417.8	8.1
18	涪陵区	1402.7	8.7
19	江津区	1257.9	8.4
20	永川区	1144.2	9.4
21	万州区	1087.9	8.4
22	沙坪坝区	1058.3	7.5
23	合川区	973.9	0.2
24	巴南区	963.4	8.3
25	资阳市	890.5	8.1
26	南岸区	881.0	6.2
27	璧山区	874.5	10.4
28	长寿区	866.3	9.7
29	雅安市	840.6	8.4
30	荣昌区	813.5	9.4
31	大足区	800.3	10.3
32	綦江区	742.3	4.8
33	北碚区	717.9	8.9
34	铜梁区	704.5	8.3
35	开州区	600.3	10.2
36	梁平区	549.4	10.1
37	潼南区	539.4	9.5
38	云阳区	528.1	9.6
39	垫江县	502.6	9.3
40	忠县	488.6	10.0
41	南川区	408.5	8.7
42	丰都区	375.4	7.5
43	大渡口区	310.4	8.8
44	黔江区	271.0	7.8

数据来源：各地统计局。

（二）人口持续回流与增长，但城镇化质量不高

成渝地区双城经济圈总面积 18.5 万平方公里，是中西部地区人口最密集的区域，在占全国不到 2% 的土地上集中了 7% 的人口。随着中西部地区承接产业转移速度加快，近年中西部地区人口持续回流，返乡创业人才数量大幅增加。根据第七次全国人口普查数据，2020 年，成渝地区双城经济圈总人口达到 9853.7 万人，相当于关中一天水、兰州一西宁、呼包鄂榆、滇中、黔中、天山北坡和宁夏沿黄等西部七个城市群的人口总和，较 2010 年增加了 741.1 万人，其中成都市增长最多，达到了 689 万人（见表 3-2）。从 2010~2020 年全国主要城市新增常住人口排名来看，成都、重庆分别排名第 3 位、第 8 位，增量和增速均在全国名列前茅。从四川省、重庆市人口流入情况来看，2020 年总流入人口分别为 2068.9 万人、481.1 万人，较 2010 年、2000 年都有明显增加，跨省流入率也有一定幅度的提升（见表 3-3）。人口的持续增加和流入，大大提升了人口潜力和消费潜力，人口红利逐步从沿海地区转向成渝等地区。

表 3-2　成渝地区双城经济圈各市、区第七次全国人口普查与
第六次全国人口普查常住人口比较

单位：万人

序号	市、区	2020 年常住人口	2010 年常住人口	人口增量
1	成都市	2093.8	1404.8	689.0
2	绵阳市	486.8	461.4	25.4
3	宜宾市	458.9	447.2	11.7
4	德阳市	345.6	361.6	-16.0
5	南充市	560.8	627.9	-67.1
6	泸州市	425.4	421.8	3.6
7	达州市	538.5	546.8	-8.3
8	渝北区	219.1	134.5	84.6

续表

序号	市、区	2020年常住人口	2010年常住人口	人口增量
9	乐山市	316.0	323.6	−7.6
10	九龙坡区	152.7	108.4	44.2
11	内江市	314.1	370.3	−56.2
12	自贡市	248.9	267.9	−19.0
13	眉山市	295.5	295.1	0.5
14	遂宁市	281.4	325.3	−43.8
15	渝中区	58.9	63.0	−4.1
16	江北区	92.6	73.8	18.8
17	广安市	325.5	320.5	4.9
18	涪陵区	111.5	106.7	4.8
19	江津区	136.0	123.3	12.7
20	永川区	114.9	102.5	12.4
21	万州区	156.4	156.3	0.1
22	沙坪坝区	147.7	100.0	47.7
23	合川区	124.5	129.3	−4.8
24	巴南区	117.9	91.8	26.0
25	资阳市	230.9	366.5	−135.6
26	南岸区	119.8	76.0	43.8
27	璧山区	75.6	58.6	17.0
28	长寿区	69.3	77.0	−7.7
29	雅安市	143.5	150.7	−7.3
30	荣昌区	66.9	66.1	0.8
31	大足区	83.5	67.1	16.3
32	綦江区	101.1	80.1	21.0
33	北碚区	83.5	68.0	15.4
34	铜梁区	68.6	60.0	8.6
35	开州区	120.3	116.0	4.3
36	梁平区	64.5	68.8	−4.2
37	潼南区	68.8	64.0	4.8
38	云阳区	92.9	91.3	1.6
39	垫江县	65.1	70.5	−5.4
40	忠县	72.1	75.1	−3.0
41	南川区	57.2	53.4	3.8

续表

序号	市、区	2020 年常住人口	2010 年常住人口	人口增量
42	丰都区	55.7	64.9	-9.2
43	大渡口区	42.2	30.1	12.1
44	黔江区	48.7	44.5	4.2
	总和	9853.7	9112.6	741.1

注：2020 年常住人口数为第七次全国人口普查数据，2010 年常住人口数为第六次全国人口普查数据。

表 3-3　川渝地区人口流入情况

单位：人，%

地区	总流入人口			跨省流入人口			跨省流入率		
	2020 年	2010 年	2000 年	2020 年	2010 年	2000 年	2020 年	2010 年	2000 年
四川省	2068.9	1038.7	495.3	259.0	112.9	53.6	3.2	1.4	0.6
重庆市	481.1	434.0	155.6	219.4	104.2	40.3	7.2	3.5	1.4

数据来源：第七次、第六次、第五次全国人口普查数据。

成渝地区双城经济圈的城镇化率明显提升。2021 年，成渝地区双城经济圈的城镇化率为 64.5%，其中，成都和重庆的城镇化率分别为 78.8% 和 69.5%，高于全国平均水平（63.9%），但四川省的城镇化率仅有 56.7%，还有很大的发展空间。与长三角、粤港澳大湾区、京津冀等地区相比，成渝地区双城经济圈的城镇化发展模式较为单一，主要依赖核心城市的带动作用，除了核心城市的中心城区以外，大部分地区的城镇化率都低于全国平均水平，呈现出较大的差距。例如，达州市城镇化率仅为 49.8%、广安市城镇化率仅为 44.1%（见表 3-4）。并且由于成渝地区双城经济圈整体产业发展水平不高，城镇化进程主要由本地农转非力量推动。2020 年，四川省、重庆市省内流入率为 96.8%、92.8%，缺乏吸引力。

表 3-4　2020 年成渝地区双城经济圈各市、区城镇化率

单位：%

序号	市、区	城镇化率	序号	市、区	城镇化率
1	成都市	78.8	23	合川区	63.9
2	绵阳市	51.7	24	巴南区	82.9
3	宜宾市	51.4	25	资阳市	41.3
4	德阳市	55.8	26	南岸区	96.7
5	南充市	50.2	27	璧山区	70.9
6	泸州市	50.2	28	长寿区	69.9
7	达州市	49.8	29	雅安市	52.8
8	渝北区	89.1	30	荣昌区	59.9
9	乐山市	53.1	31	大足区	60.5
10	九龙坡区	93.6	32	綦江区	68.0
11	内江市	50.1	33	北碚区	86.1
12	自贡市	55.4	34	铜梁区	61.7
13	眉山市	50.1	35	开州区	50.6
14	遂宁市	57.3	36	梁平区	50.1
15	渝中区	100.0	37	潼南区	58.3
16	江北区	99.2	38	云阳区	52.9
17	广安市	44.1	39	垫江县	49.3
18	涪陵区	71.9	40	忠县	48.3
19	江津区	60.2	41	南川区	61.0
20	永川区	69.9	42	丰都区	49.2
21	万州区	68.9	43	大渡口区	97.8
22	沙坪坝区	96.6	44	黔江区	59.2

数据来源：四川省、重庆市 2021 年统计年鉴。

（三）制造业基础较为雄厚，但产业创新能力不强

成渝地区制造业基础较为雄厚，但产业结构亟待升级。目前成渝地区已经形成了以成都为核心的生物医药、能源、化工基地和以重庆

为核心的现代制造业、物流运输基地。① 成渝两地工业产业比值较高，第二产业比重较大，高于全国平均水平（见表3-5）。成渝地区制造业多为劳动密集型产业和传统制造业，汽车和摩托车制造业在全国具有优势地位，其他产业在全国的优势不明显。成渝地区服务业产值偏低，发展滞后，且基本上集中分布在成都和重庆，在其他城市的比重和产值都比较小。

表 3-5　2020 年四大城市群（经济圈）产业结构与工业增加值比较

单位:%，亿元

区域	城市	三产结构	工业增加值
长三角城市群	上海	0.3∶29.8∶69.9	9656.51
	杭州	2.0∶29.9∶68.1	4221.00
	南京	2.0∶35.2∶62.8	4330.00
珠三角城市群	广州	1.2∶26.3∶72.5	5722.52
	深圳	0.1∶37.8∶62.1	9528.12
京津冀城市群	北京	0.4∶15.8∶83.8	4216.50
	天津	1.5∶34.1∶64.4	4188.13
	石家庄	8.4∶29.4∶62.2	1512.60
成渝地区双城经济圈	重庆	7.2∶40.0∶52.8	6990.00
	成都	3.7∶30.6∶65.7	4208.30

数据来源：2020 年各地统计公报。

成渝两地产业分工协作不够充分，创新能力不足。与京津冀、长三角、珠三角三大城市群相比，成渝两地主导产业重叠度较高，细分领域的协同发展能力不足（见表3-6）。例如，重庆和成都均在大力推动汽车制造、电子信息产业发展，加速承接国内外产业，力求打造为汽车、电子产业的聚集高地。在汽车产业方面，重庆是全国六大汽

---

① 张芮琪、蓝玉良、戴宁益、胡祎秋、陈宵雅：《成渝城市群产业结构的发展研究》，《现代经济信息》2014 年第 15 期。

车基地之一，面对汽车产业下行压力加大，正在大力发展新能源汽车和智能汽车。而作为"后起之秀"的成都，引进了一汽大众、吉利、沃尔沃等 11 家整车企业。[①] 成渝两地在汽车工业发展上呈现较为激烈的竞争，新材料、IT 产业、"互联网+"等产业也均是两城积极发展的产业。此外，重庆两江新区、成都天府新区都在打造新型园区和新兴产业基地、发展新经济和电子信息产业，存在一定程度的重叠。

表 3-6 四大城市群（经济圈）产业发展比较

区域	城市	当前支柱产业	未来主导产业	本地代表公司
长三角城市群	上海	金融、商贸、汽车制造、成套设备、房地产	新一代信息技术、金融、航运、商贸会展、生物医药、新能源汽车、文化创意	浦发银行、交通银行、上海银行、上汽集团
	杭州	软件、文化创意、旅游、金融、服务、装备制造、电子商务	电子商务、云计算与大数据、视频安防、量子技术、生物医药、人工智能	阿里巴巴、吉利控股、海康威视、浙商银行
	南京	电子、石化、钢铁、汽车、现代金融、文化创意	智能汽车、智能装备、生物医药、新材料、软件和信息服务、金融和科技服务	苏宁易购、江苏银行、华泰证券、国电南瑞
珠三角城市群	广州	汽车、石化、电子信息、房地产、钢铁、金属冶炼、船舶	新一代信息技术、汽车、高端装备、生物医药、新材料及新能源	富力地产、广汽集团
	深圳	文化创意、高新技术、现代物流、金融业	新一代信息技术、高端装备、文化创意、生命健康、人工智能、生物医药	华为、腾讯、中兴、金蝶、万科

---

① 袁蕴、张云川：《基于 AHP-SWOT 模型的成都城市营销研究》，《乐山师范学院学报》2019 年第 9 期。

续表

区域	城市	当前支柱产业	未来主导产业	本地代表公司
京津冀城市群	北京	金融、信息技术服务、汽车制造、电力热力生产供应	金融服务业、科技服务业、新能源汽车、新一代信息产业、文化产业、总部经济	工商银行、中国银行、建设银行、中国石油
	天津	国防工业、石油化工、装备制造、航空航天、电子信息	高端装备、信息技术、航空航天、新能源、生物医药、现代石化、现代冶金	中远海控、中海油服、中科曙光、天士力
	石家庄	钢铁、装备制造、纺织、医药、石油化工、建材、食品	生物医药、高端装备、电子信息、纺织服装、节能环保	石药集团、东旭光电、河钢股份、以岭药业
成渝城市群	重庆	汽车制造、电子制造、装备制造、能源工业	智能产业、现代物流、国际商贸、金融服务、专业服务、信息服务、文化旅游	长安汽车、金科股份、智飞生物、西南证券
	成都	电子信息、装备制造、医药健康、绿色食品、新型材料	新一代电子信息、高端装备制造、航空航天、轨道交通、节能环保、现代物流	成都银行、国金证券、科伦药业、东方电气

数据来源：网络公开数据整理。

　　成渝地区的研发投入和专利产出效率不高，科技引领型企业发育不足。在2021年四大城市群（经济圈）中心城市中，成都、重庆的R&D经费支出占GDP比重分别略高于和低于全国平均水平，远低于北京、深圳的水平（见图3-4）。2021年四川、重庆的"独角兽"企业数量均少于5家，与北京（49家）、上海（41家）、深圳（19家）、杭州（18家）等的差距较大。重庆和成都两个城市的"独角兽"企业总估值仅有195亿美元，约为北京的1/20（4066.4亿美元）、杭州的1/15（3145.3亿美元）（见图3-5）。

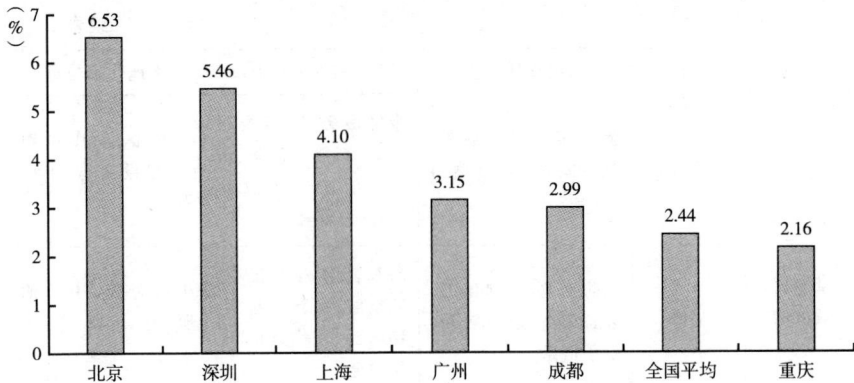

图 3-4 2021 年四大城市群（经济圈）中心城市 R&D 经费支出占比

数据来源：各地统计公报。

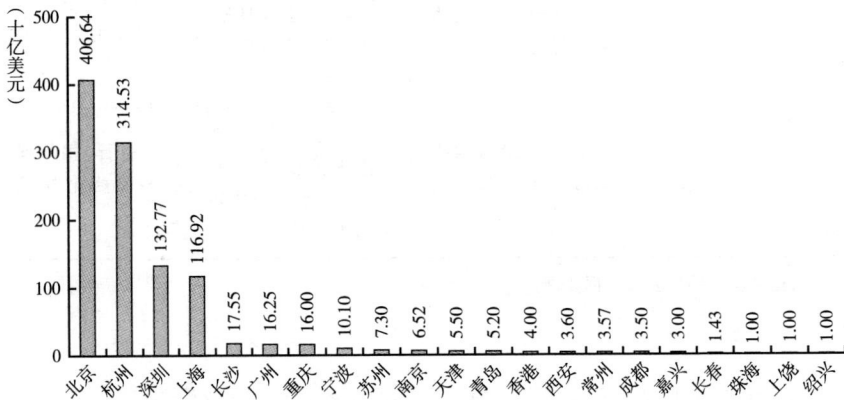

图 3-5 2021 年各城市"独角兽"企业总估值

注：数据截至 2021 年 11 月 30 日。

数据来源：36 氪研究院：《2021 年中国独角兽企业发展研究报告》，2021 年 12 月。

成渝地区军工产业基础雄厚，但军民融合发展不充分。成渝地区具有国防科研院所多、科研仪器丰富、覆盖领域广、技术先进等优势。成渝地区的军工借着国家"大三线"的建设而发展起来，1964～1978 年，广大西南地区建立了以成渝为中心，体系独立且完整的国民经济体系、军工制造体系、科研体系、战略储备体系，形成了中国的战略大后方。现今成渝地区的军工实力在全国数一数二，其中成都的战斗机制造、核动力系统装置、航空、电子、自动化等，德阳的重大装备制造，泸州的航天火工品研制和生产，乐山的核聚变能源开发，绵阳的核武器研制生产、空气动力研究与发展等，是我国军工产业中的"明星"产业。[①] 但是成渝地区的军民融合发展不充分，普遍存在科研仪器资源信息封闭、资源闲置、利用率低、共享水平不高，以及科技型企业所需大型仪器设备成本高昂、无力购置以及运行维护难等问题，阻碍了军民融合发展中的有效创新。

（四）市场化协作基础良好，但政府间协作动力不足

成渝地区民间的市场化协作正在自发地进行着。近年来，成渝两地投资往来频繁，产业链和供应链合作十分紧密。在实际中，成渝地区虽然在大的产业门类上比较相近，但在行业内部的选择上因优势不同而各有侧重，开始出现了产业细分领域差异化发展的趋势。换言之，两座城市正在自发地经历一个由产业结构趋同到自然分工的过程，产业集群合力正在形成。在民间合作的推动下，劳动力、资金、产品等要素越来越频繁地穿行于成渝地区间，打破市场壁垒的诉求更为强烈。

近年来，加强成渝区域合作的相关政策陆续出台，合作倡议提出后，基础设施、公共服务等非核心利益领域的协作进展较为顺利，例如，在交通等基础设施互联互通方面进展迅速，成都和重庆双城之间

---

① 刘世庆、沈颖、周剑风、邵平桢、许英明：《军民融合助推西部高技术产业发展研究》，《西南金融》2010 年第 11 期。

已建成 3 条高速公路和 3 条铁路走廊，核心城市与外围城市之间的高速公路建设较为超前，客货运需求得到满足。在民生方面，医保异地就医已实现即时结算、高速公路省界收费站已取消、公交实现一卡互刷、居民身份证可实现异地办理。然而，在牵扯核心利益的资源共享、产业协同、资源开发等方面的协调问题一直没有实现根本性突破。目前成渝地区以行政区为板块的发展模式仍然没有发生根本性改变，由此导致的地区封锁、市场分割状态仍然存在，缺乏诸如区域环境补偿交易、信用体系共建、产权交易平台等落到实处的合作机制。

　　成都和重庆处于横向扩张式发展阶段，难以形成梯度互补式协作局面。一是"做大做全"仍是成都和重庆产业发展的主线，"通吃型"发展模式引发了全领域、全环节的产业竞争。2008 年全球金融危机后，沿海企业的"西进运动"带动了成都和重庆的产业高速成长，凭借充足的劳动力、较低的成本和雄厚的制造业基础等优势两地大量引入制造业企业，成为经济发展的重要增长点。从顶级品牌的引进来看，成都有戴尔、联想、英特尔，重庆有惠普、宏碁；从代工业务来看，富士康在成都生产平板电脑、在重庆主推手机业务。二是成渝产业门类和资源禀赋的互补性较弱，难以形成梯度互补型区域合作模式。在现实中，深圳与周边城市的协作发展是这类区域合作方式的典型。从 20 世纪 90 年代的"深港合作"到近年来的"深莞合作""深汕合作"，都属于双方以稀缺资源共享为前提的合作，通过互惠互利获得更大的整体收益。由于存在互补型战略资源，如土地、劳动力、技术、商业渠道等，双方需要相互借力、互通有无才能实现互利共赢的目标，为此有较强的合作动力。然而，对于成都和重庆而言，两地优势禀赋相似、发展阶段相近、产业门类相仿，双方缺少明确的利益结合点，各自单独发展的动力和激励要远大于合作的收益。三是成渝双城发展仍以壮大自身为主导方向，协同互动并未被纳入工作重点内容。从四川城镇体系规划来看，2003 年版四川省城镇体系规划提出"K"型结构，成渝发展轴仅与宝成、成昆、成达三轴并列。在 2015 年版四川省城镇体系规划中成渝发展轴得到了加强，但除沿江城镇发展带外，并未考虑四川省中心城市广安、南充、达州等与重庆的紧密互动。2018 年，四川省委、省政府实施"一干多支"发展战略，成都的"主干"作用得到进一步强化。然而该战略仅立足于四川省一隅的发展格局，对成渝区域内的另一"主干"——重庆的考虑较少，对于两个"主干"之间的互动更缺少谋划。此后，成都市委提出成德眉资同城化发展，同样是站在发展壮大成都平原经济的角度，而非基于更大视角的区域一体化。

资源开发和产业竞争存在隐性行政壁垒，降低了区域整体要素配置效率。一是资源共享存在行政壁垒。以川渝电力共享为例，2018 年签订了川渝 2018 年跨省送受电框架协议，按照协议要求，该年川渝跨省外送电量共执行 56 亿千瓦时，但仅占重庆总用电量的 6% 和四川总发电量的 2%。重庆本地以火力发电为主，全年总售电量的近 1/3 为外购电量。由于目前川电入渝的总量较小，重庆不得不舍近求远，依托"疆电外送"通道，从新疆调配电力资源。四川是中国最大的水力发电省份，重庆是川电外送第一站，相比疆电入渝，川电入渝在经济、环保与安全乃至区域总体资源配置效率提升方面都具有极大的意义，但目前双方电力共享的总量仍然"杯水车薪"。德阳和绵阳的水资源共享面临同样的困境。绵阳希望从德阳引水，虽然两地党委、政府开展多次交流互访，但由于两市关注的问题不同，诉求不能统一，加之缺乏高层次的合作磋商机制，该问题一直没有得到有效解决。二是产业竞争依靠隐性壁垒，不利于区域总体产业竞争力提升。以新能源汽车为例，四川 21 个地级市中有 17 个在发展新能源汽车。据调研，新能源汽车产业存在明显的地方保护主义，部分地方限制甚至阻止其他地区生产的新能源汽车在本地销售，以"非市场化"的方式获得产业的生存空间。从区域整体发展的视角，该方式加剧了产业低水平竞争情况，削弱了企业以技术和品质革新方式获得实质性突破的动力。三是资源开发各自为政，损伤了核心资源的整体性价值。以峨眉山的旅游开发与保护为例，峨眉山是位于乐山市和眉山市之间的一座界山，其中峨眉山金顶以西的平缓坡地位于眉山市境内，属于峨眉的后山，以东山体位于乐山市境内，属于峨眉的前山。当前，不论是《峨眉山风景名胜区总体规划》的编制还是联合国教科文组织《世界遗产名录》的申请都由乐山市主导，因此，峨眉山风景区范围都只包含了位于乐山市境内的峨眉山山体，眉山市境内的后山部分没有纳入开发和保护管控范围。前后山开发与保护的行政主体相互割裂，导致两市缺乏旅游开发的相互协同，不利于开发效率的提升和旅游开发总体品质的提升；同时，由于前后山管控措施不统一，出现了前山严格管控、后山粗放开发的局面，对峨眉山总体价值的维护产生了非常不利的影响。

目前，中央和省级政府对成渝协作的统筹力度仍显不足。一是中央统筹协调规格和措施不足。京津冀协同发展领导小组由国务院成立，国务院常务副总理任组长。长三角一体化区域合作办公室的规格虽然低于京津冀，由上海、浙江、江苏、安徽三省一市联合组建而成，但目前已实现了常驻合署办公。而成渝缺少由国家出面建立的协调机构。二是省级层面对地市合作的统筹力度不足。调研中普遍反映，由于缺少省级层面统筹谋划，合作仅限于相关地市、相关部门之间的对接协调，碎片化、条块化特点明显，系统化、制度化水平不高。比较来看，广（州）佛（山）一体化由广东省常委专门负责，单纯凭借广佛自身力量协调难度较大。而内（江）自（贡）同城化仅由四川省发展改革委的地区处在推进，没有省委常委参与，战略协议签了许多，但落到实处的很少。三是高层支持不足导致一体化基金等创新措施落地困难。例如，四川省探索共同出资设立经济区一体化发展基金，由财政厅牵头组建发展投资引导基金。但据泸州市反映，按照《川南经济区建设前期工作资金管理办法》，由省财政配套专项资金 400 万元，川南 4 市各配套地方资金 400 万元，以推动川南经济区一体化建设重大问题研究和重大项目建设，但目前省财政配套资金尚未到位，其他省级层面的区域协同发展专项资金也到位困难。

（五）基础设施整体水平较高，但对外交通仍有短板

成渝地区交通发展基础较好。成渝地区作为国家综合立体交通四极之一及四大国际性综合交通枢纽集群之一，"六轴七廊八通道"骨干网中"三轴二廊二通道"在此交汇。川渝之间已建成 6 条铁路通道、13 条高速公路通道、3 条水路通道，在建 2 条铁路通道、7 条高速公路通道、1 条水路通道。成渝城际列车实现 1 小时通达，四川 21 个市（州）均开行至重庆的道路客运班线，已开通邻水、泸州至重庆江北国际机场的跨省定制客运线路和遂宁至潼南等 15 条跨省城际公交线路。

成渝地区的航空实力尤为突出。重庆江北机场的旅客吞吐量、货邮吞吐量和起降架次分别位居全国机场第 4、第 8 和第 6 位。成都双

流机场是中国八大区域枢纽机场之一,其飞行区的评级为 4F 级。2021 年成都双流机场旅客吞吐量、货邮吞吐量和起降架次分别位居全国机场第 2、第 7 和第 4 位(见表 3-7)。在 2021 年成都天府国际机场投入使用后,成都成为我国中西部第一个、全国第三个拥有双国际枢纽机场的城市。

表 3-7　2021 年全国机场吞吐量基本情况比较 (前十)

机场	名次	旅客吞吐量(人次)	名次	货邮吞吐量(吨)	名次	起降架次(架次)
广州/白云	1	40249679	2	2044908.7	1	362470
成都/双流	2	40117496	6	629422.2	4	300862
深圳/宝安	3	36358185	3	1568274.5	3	317855
重庆/江北	4	35766284	7	476723.1	6	280577
上海/虹桥	5	33207337	9	383405.5	10	231261
北京/首都	6	32639013	4	1401312.7	5	298176
昆明/长水	7	32221295	10	377225.4	7	279471
上海/浦东	8	32206814	1	3982616.4	2	349524
西安/咸阳	8	30173312	8	395604.5	8	256965
杭州/萧山	10	28163820	5	914063.0	9	238269

数据来源:中国民航总局。

但成渝地区在火车线网密度等对外交通方面仍存在不少短板,与其经济总量、人口密度和土地面积不匹配,不利于人流、物流、信息流等要素的充分流动。2020 年,成渝地区双城经济圈铁路总里程 6400 公里,人均铁路里程只有 6 厘米左右。高速铁路建设尤其滞后。当前成渝地区仅有 1 条时速 350 公里的高铁——提速后的成渝高铁,仅有 3 条时速 250 公里的高铁和城际铁路——成贵高铁、西成高铁和渝万城际铁路。

（六）西部对外开放前沿，但开放度仍有待提升

成渝地区逐步从内陆走向开放前沿。开放水平不高是长期制约中西部地区发展的重要原因之一。"一带一路"建设打开了向西开放的新空间，西部地区由内陆边陲一举成为开放前沿，成渝地区成为"一带一路"建设和长江经济带发展两大国家战略的交汇点，区位优势突出、战略地位凸显。成渝两市是国内始发中欧班列最多的城市。2021年全国共始发中欧班列15000列，重庆和成都加在一起超过4800列，约占全国总量的1/3。以"中新（重庆）战略性互联互通示范项目"为基础构建的"国际陆海贸易新通道"，形成了"一带"与"一路"有效衔接的国际大通道，也为西北地区建立了新的南向出海通道。① 中西部7个城市中，成都和重庆两个城市的进出口总额远远超过其他城市。

成渝地区总体对外贸易规模偏小。据统计，2021年四川货物贸易进出口总额实现9513.6亿元，位列全国第8。四川货物贸易规模占全国的比重为2.4%，外贸依存度为17.7%，比全国平均水平低40多个百分点。2021年四川服务贸易额1083.18亿元，而北上广基本都在万亿元以上，显示出四川外贸整体发展水平相对不高。四川、重庆实际利用外资数额较低、增速不快。2021年全国实际利用外资11493.6亿元，北上广江浙五地加总占全国的80%以上，四川仅占1%。重庆的情况也不容乐观，在全国平均外贸依存度高达58%的情况下，重庆外贸依存度为43.7%，低于全国平均水平。

外贸出口产品结构低端化特征明显。虽然近年成渝地区工业制成

---

① 李牧原、郝攀峰、许伟：《"南向通道"：破茧而出　渐行渐兴》，《中国远洋海运》2018年第5期。

品进出口总量和增速大大高于初级产品，但从贸易增值率来看，加工贸易增值率仍然低于一般贸易，说明目前出口产品仍以低附加值的资源型产品、劳动密集型产品为主。成渝地区出口商品中，大中小微型计算机、集成电路及微电子组件和有线载波及有线数字通信设备占比接近50%，但"两头在外"特征十分显著，在整个产业价值链中处于中、低端环节。高附加值、高技术含量的加工贸易发展不足，知名品牌尤其是在国际上具有竞争力的本土品牌十分缺乏，外贸出口产品结构低端化特征明显。

对外开放大通道基础设施建设瓶颈突出。运输通道存在明显短板。例如，蓉欧快铁尚未到达法国、荷兰、丹麦、瑞典等西欧和北欧的主要枢纽城市。此外，成渝向西南和西北方向的大通道建设仍较滞后，与广西北海港、缅甸皎漂港的合作推进缓慢，新的经济和物流大通道有待开拓。航运方面，三峡大坝的船闸通行能力已经达到饱和状态，拥堵常态化，待闸船舶平均每天超过200艘，上水集装箱班轮平均等闸时间通常为3~4天。物流成本相对较高也是制约成渝对外物流发展的重要瓶颈。据测算，蓉欧快铁成本是同线路陆海联运的2~3倍，长期依靠政府补贴。而重庆地处内陆，与出海港口距离较远，路程遥远导致总体物流费用偏高。据测算，重庆的物流费用占GDP的20%以上，比世界物流发达国家的物流费用占GDP的比重高出1倍，比全国平均水平也要高出近2个百分点。

开放市场化不足。不可否认，以优惠政策促进对外开放，仍然是内陆加快对外开放的重要手段，是启动并激发内陆开放型经济发展的驱动力。但是，片面追求招商引资数量、不计引资成本的"竞赛"现象在内陆地区尤为突出，项目中不乏低技术、高能耗、低价值、高污染、低效益、高成本的外资企业。

对外开放面临较大的区域竞争压力。我国新一轮西部大开发也由"大开发"战略转向"大开放"战略。"一带一路"倡议提出后，各地政府积极响应，从名义上争抢"丝路起点"和"桥头堡"定位到从项目上争抢中欧班列和举办"一带一路"相关论坛，都表现为城市间在建设"一带一路"中竞争大于合作。成渝地区要在"一带一路"建设中走在前列，必须发挥资源、产业、人才、技术、创新等方面的优势，加快全方位、宽领域、多层次的合作发展。

对高端生产性服务企业吸引不足。尤其重庆在吸引咨询、广告、法律等领域的跨国企业上显著滞后。从中国城市在 GaWC 中的排名来看，成都名次上升较快，从 2008 年的第 179 名上升为 2021 年的第 59 名，重庆从 2012 年的第 222 名上升为 2021 年的第 96 名，但仍然与香港、北京、上海等城市存在一定差距。从 GaWC（外国公司）在中国的分支机构数量来看，北京、上海均接近 200 家，广州接近 100 家，深圳接近 50 家，而成都、重庆则相对较少（见图 3-6）。从国际航线情况来看，成都、重庆以东南亚东亚航线为主，连接欧美的能力较弱。

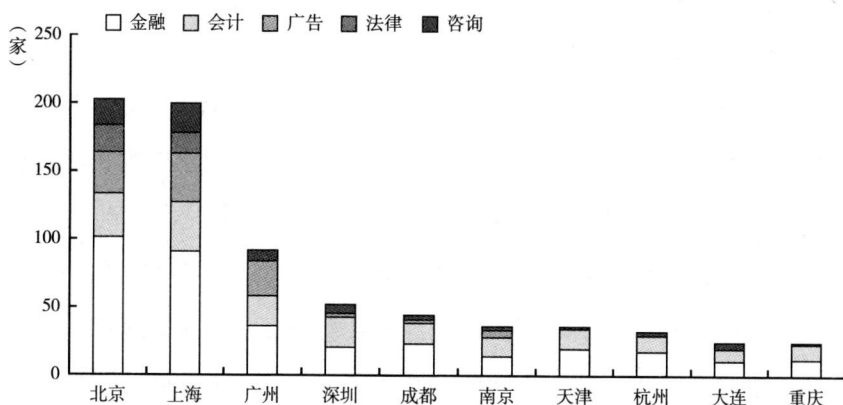

图 3-6　GaWC（外国公司）在中国的分支机构数量情况

数据来源：据网络公开数据整理。

二 建设成渝地区双城经济圈的总体谋划

（一）国家总体要求

中央财经委员会第六次会议指出，要尊重客观规律，发挥比较优势，推进成渝地区统筹发展，促进产业、人口及各类生产要素合理流动和高效集聚，强化重庆和成都的中心城市带动作用，使成渝地区成为具有全国影响力的重要经济中心、科技创新中心、改革开放新高地、高品质生活宜居地，助推高质量发展。会议还强调，成渝地区双城经济圈建设是一项系统工程，要加强顶层设计和统筹协调，突出中心城市带动作用，强化要素市场化配置，牢固树立一体化发展理念，做到统一谋划、一体部署、相互协作、共同实施，唱好"双城记"。要加强交通基础设施建设，加快现代产业体系建设，增强协同创新发展能力，优化国土空间布局，加强生态环境保护，推进体制创新，强化公共服务共建共享。

2021 年 10 月，中共中央、国务院印发《成渝地区双城经济圈建设规划纲要》。规划纲要在坚持中央财经委员会第六次会议提出的总体建设思路基础上，提出了推动成渝地区双城经济圈建设的 9 项重点任务，包括构建双城经济圈发展新格局、合力建设现代基础设施网络、协同建设现代产业体系、共建具有全国影响力的科技创新中心、打造富有巴蜀特色的国际消费目的地、共筑长江上游生态屏障、联手打造内陆改革开放高地、共同推动城乡融合发展、强化公共服务共建共享等。

2022 年 3 月，国家发展改革委印发《2022 年新型城镇化和城乡融合发展重点任务》，要求制定出台成渝地区双城经济圈建设年度工作要点，推进一批重大项目和重大平台建设，开展经济区和行政区适度分离改革。

总体来看，近些年中央对成渝地区发展的高度重视前所未有，并赋予了极高的战略地位，为下一步推动成渝地区双城经济圈高质量、一体化发展明确了总体方向。

（二）五大发展路径

为贯彻落实中央决策部署，加快推动成渝地区双城经济圈高质量发展，须尊重客观规律，落实国家发展战略要求，立足历史、现实和未来趋势，以"五大发展路径"推进成渝地区双城经济圈建设。

1. 双圈互动、协调发展，构建一体化的空间布局

空间布局是经济、社会、资源、环境的载体，其形态代表了各类要素的组合方式。推进成渝地区双城经济圈建设，必须构建优势互补、高质量发展的区域经济布局和国土空间体系。从现实发展来看，成渝地区已经形成成都、重庆两大强核心，未来应进一步协调中心和区域的关系，继续强化成都和重庆两大都市圈的核心带动作用，形成引领成渝地区高质量发展的动力源。同时要有意识地培育区域性中心城市，培育川南城镇密集区和川东北区域性中心城市，缩小中心和区域之间的差距。促进毗邻地区在基础设施、产业发展、金融平台、环境治理等方面充分协作对接，建设形成成渝高质量协同发展示范区，以毗邻地区的深度融合牵引双圈深度互动。加快以县城为重要载体的新型城镇化建设，形成成渝地区高质量区域经济布局的多点支撑。

2. 优势互补、开放共享，推动区域协同创新

创新是引领高质量发展的第一动力，创新也是成渝地区的优势所在。应紧抓新一轮科技革命机遇，发挥科教人才和特色产业优势，打造全国重要的科技创新和协同创新示范区。要积极打造成渝区域协同创新共同体，以"一城多园"等模式共建具有全国影响力的西部科学城，强化成都、重庆核心引擎的区域创新龙头地位，合力打造成渝地区科技创新走廊，优化双城经济圈的知识集群布局。坚持"走出去"和"引进来"相结合，增进与"一带一路"沿线国家等的创新合作，融入全球协同创新网络。依托成渝地区的军工研发优势，推动军民融合发展，持续在应用型创新领域发力，形成川渝地区独特的创新优势。加快软硬件建设，完善新一代信息基础设施等新基建布局，打造高质量科技服务平台，健全资金保障机制，强化科技创新的支撑保障。

3. 生态宜居、人文包容，塑造魅力人居典范

成渝地区位于长江经济带上游地区，是长江上游生态屏障的重要组成部分，生态文化旅游资源丰富，城乡宜居程度高，城乡统筹融合经过多年的持续推动也有了较好的发展基础，应着力加快宜居性建设，力争成为充满魅力的高品质城市群。面向多类人群，协调人口分布与公园布局，综合公共服务，优化景观风貌，建立全域城乡公园体系，建设"公园城市"，打造品质型城市群。强化公共服务共建共享，丰富文化空间和生活，拓展高品质消费服务设施空间，培育舒适宜人、开放包容的人文型城市群。推动城市群管理网络化，统筹城乡公共资源，构建城乡统筹的城市群功能网络，打造激活乡村价值、城乡互促的融合型城市群。

4. 陆海联动、东西互济，打造内陆开放战略高地

扩大成渝地区全方位高水平开放，将双城经济圈打造为内陆开放

战略高地和参与国际竞争的新基地。系统增强通道和枢纽平台的服务能力，探索内外兼顾的省级协调机制，推动通道贸易规则化和品牌化，促进以"陆海新通道"为主体的对外开放。统筹制造业开放和服务业开放，重点突破跨境金融服务的高层次开放，推动外向型产业结构进一步转型升级，加快融入全球分工体系。创新国内国外多层次区域合作机制，加强与国内发达地区的合作，融入国家发展大局，发挥好起承转合、辐射带动作用，筑牢区域合作基础。打破要素流动体制壁垒，营造开放型经济发展的良好环境。

5.市场主导、政府引导，树立区域协作治理样板

以解决区域交易成本过高的问题为出发点，本着促进信息、资本、土地、人才等生产要素自由合理流动的原则，积极探索成渝区域协同发展机制，建立有效的沟通合作、信息与资源共享机制，推动落实重大区域公共问题一体化解决方案，促进分工协作，形成优势互补的区域社会经济体系，为国家完善区域协调发展政策体系提供经验借鉴。要发挥中央的统筹协调作用，建立高层次的区域协调组织机构，赋予改革权限，以国家级项目牵引两地合作。要发挥市场机制作用，发挥市场在资源配置中的决定性作用，破除行政阻碍。要发挥地方政府的作用，共建协作软环境，在毗邻地区率先突破，探索经济区与行政区适度分离改革，在经济一体化地区形成跨行政区的管理与服务。

第四章 成渝地区双城经济圈建设的 战略举措

顾永涛 刘长辉 周君 文雯 曹琳 秦静 石磊

一 构建"双圈互动、大中小城市协调发展"的空间格局

将区域一体化城市作为"点"状研究对象，抽象一体化的空间整合模式主要有以下三种，即飞地发展模式、双城对接模式和多点融合模式。

飞地发展模式是指在一体化主要城市的用地范围之外通过快速交通体系的构建、基础设施的先行建设等手段，带动发展形成新的城市、市镇等相对独立的空间，承接由主城区疏散出来的人口、产业等，从而实现一体化的区域统筹发展（见图4-1）。

双城对接模式是指一体化的两个城市，空间相向发展，通过交通走廊的打通、空间蔓延或建立新区和工业园区等，使两城的地理空间能够衔接，为一体化的空间整合和要素流动提供空间载体（见图4-2）。

多点融合模式一般适用于经济实力较强、功能比较完善的多个城市（城镇）之间，这些城市相互依托、取长补短、谋求一体化发展，从而构筑经济、社会、文化等多方面共同发展的一体化区域，增强地

域的辐射能力、扩散能力及对外竞争能力①（见图4-3）。

对于成渝地区双城经济圈来说，最终必然会采取多点融合模式。重点要打造好成都、重庆两大核心都市圈；积极培育区域性中心城市，增强辐射带动作用；统筹协调好毗邻地区发展，以合作共建示范区的方式探索经济区与行政区适度分离；分类推进以县城为载体的新型城镇化，构建全域共进的区域协调发展格局。

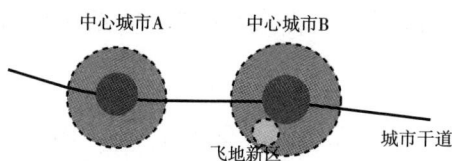

图4-1　飞地发展模式

资料来源：笔者自绘。

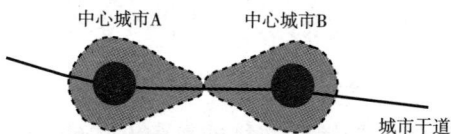

图4-2　双城对接模式

资料来源：笔者自绘。

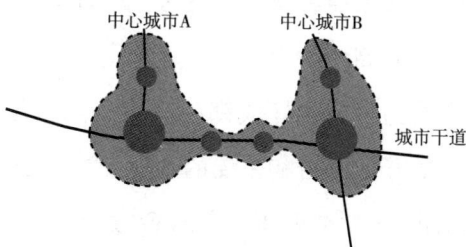

图4-3　多点融合模式

资料来源：笔者自绘。

---

① 何丰：《成渝城市群空间结构与发展趋势研究》，四川省社会科学院硕士学位论文，2016；黄俊：《城市群发展历程对比研究分析——以成渝城市群和国内外发达城市群对比为例》，西南财经大学硕士学位论文，2011。

（一）打造成都、重庆两大都市圈

1. 将环成都经济圈建设成为成渝城市群崛起的"压舱石"

根据 2016 年发布的《成都平原经济区"十三五"发展规划》，环成都经济圈是指调整过后的成都平原经济区范围，除成都以外，还包括德阳、乐山、绵阳、眉山、资阳、遂宁、雅安共 7 个城市。这 7 个城市离成都 60~140 公里，受成都辐射带动作用非常明显。因此，环成都经济圈可以说是全省经济最发达、最集中、最重要的区域。目前，环成都经济圈常住人口将近 4000 万人，GDP 破 2.5 万亿元，超过全省总量的 45%。

从创新能力来看，环成都经济圈的科研机构数量、科技人员规模和集聚度均排中西部地区前列，各类高等学校达 88 所，占全省的 74%，同时拥有一大批国家重点实验室、工程（技术）研究中心和实验室，集中了四川省最优质的科创教育人才资源。四川省拥有 8 个国家级高新区，其中 4 个位于环成都经济圈，成都、遂宁、绵阳、德阳还分别拥有 1 个国家级经济技术开发区，因此，环成都经济圈可以说是西部地区创新创业高地。

从开放和融资能力来看，环成都经济圈有两个国家级国际机场，集中了全省绝大多数开放平台和主要的金融要素，进出口贸易占全省的 93%，到位外资占全省的 96%，存款余额占全省的 68%，贷款余额占全省的 75%，上市公司数量占全省的 84%。

从城镇化发展来看，与发达地区相比，成都市的城镇化率并不低，达到 79.5%，并且人口持续增长。但整体看环成都经济圈常住人口城镇化率仅为 60% 左右，德阳、绵阳等城市的城镇化率均低于全省平均水平（57.8%），环成都经济圈城镇化发展空间还很大。

因此，作为成渝城市群中最重要的区域，环成都经济圈有条件也有责任发挥引领示范作用，提升区域能级，强化辐射能力，成为带动成渝城市群崛起的"压舱石"。

一是提升环成都经济圈的能级规模。成都以建设国家中心城市为目标，将成为环成都经济圈的核心城市。同时，绵阳、德阳、乐山是环成都经济圈最重要的三大中心城市。应重点支持中国绵阳科技城发展；打造德阳世界级重大装备制造基地；充分发挥峨眉山、乐山大佛等世界级文化旅游遗产的价值，推动乐山建设成为世界重要旅游目的地。将眉山、资阳、遂宁、雅安四大城市定位为区域重点支撑城市，增强其聚集发展能力。努力将眉山建设为环成都经济圈中的开放发展示范市。鼓励资阳借助天府国际机场的空港优势，建设成渝门户枢纽。支持遂宁和雅安建设绿色经济示范城市。总体谋划环成都经济圈发展格局，提升一体化水平，将环成都经济圈打造为西部最具活力的现代化都市圈，并带动成都都市圈梯度有序发展。

二是完善环成都经济圈的城际交通网络。构建南北贯通的绵阳—德阳—成都—眉山—乐山—宜宾综合交通中轴线，加快建设环成都经济圈环线高速公路、成都至乐山和成都至绵阳的高速公路。完善环成都经济圈城际快速路网，提升城际通道与城市路网的衔接转化便利度。推进环成都经济圈城际与轨道交通布局网络化改造，围绕经济圈"一环七射"公交化开行格局，串联起双流与天府机场、产业园区、港口、景区、重点城镇等重要节点，形成四通八达的换乘体系。把成都的地铁向周边地市延伸，建设"轨道上的经济圈"。构建以城际铁路和市域轨道快线为骨干、以区域高铁为辅助的环成都经济圈内部轨道交通体系。实现核心区与副中心城市之间的城际轨道不少于两条，区域外围主要节点城镇之间的轨道至少有一条。加密外围轨道线网密度，力争达到 0.1 公里/公里^2。全面推动城际铁路、轨道快线公交化运营，提升成都至德阳、眉山、都江堰等城市的发车频率，加密至 50 对/日，包括成灌、成绵乐、成渝客专等。建议将成都的地铁线延伸至德阳、眉山、资阳片区，逐步加强成都与周边地市之间公共交通系统的对接，增强同城化交通联系。

三是构建成德绵协同创新发展示范带。依托成都、德阳、绵阳三个城市的现状创新优势和交通走廊优势，争取布局国家重大科学技术基础设施及国家重点实验室、制造业创新中心、工程（技术）研究中心、技术创新中心和临床医学研究中心等重大区域创新平台。力争将成德绵打造成为国家军民融合创新示范区，完善自主创新的支持机制，强化关键共性技术跨区域联合转化落地，集中破解科技创新的瓶颈制约。推进人才、数据等资源的开放整合，率先打造科创资源交易共享平台。

2. 以重庆大都市区为核心联动川渝毗邻地区发展

重庆山多地少，适宜开发土地资源较稀缺，同时土地资源分布的地域差异较大。主城区及渝西地区可建设用地资源最集中，占全市的 61%，渝东北生态涵养发展区次之，可建设用地仅占全市的 26%，渝东南生态保护发展区可建设用地只占全市的 13%，同时可利用土地的质量差距大。主城区及渝西地区地形地貌相对较好，坡度不大，可利用土地集中连片，而渝东北生态涵养发展区、渝东南生态保护发展区可利用土地资源均呈零散的斑块状分布，开发成本高。

基于重庆土地资源总体缺乏且分布不均的特征，应加快建设主城区及渝西地区，解决渝东北生态涵养发展区及渝东南生态保护发展区的部分区域人地矛盾突出问题。同时，向西拓展将成为重庆城市发展的主方向，以便进一步促进成渝城市群一体化。

一是构建组群整合、相对分隔、产城融合的城镇体系。在充分预留山、水、田、园、林等生态空间的基础上，以高速公路和铁路等交通走廊为分隔，引导城镇空间形成组群式布局，实现紧凑、集约的产城融合发展模式。

重庆的璧山城区、合川区和江津区部分区域是承接都市圈功能外溢的主要地区。要加强这些都市功能拓展区在产业布局、交通、公服、市政基础设施等方面的衔接，形成与主城区既密切联系又相对分隔的重要功能分区。璧山以信息产业、高新技术产业为主导，大力建设产城融合发展示范区和都市休闲旅游服务基地。江津是重要的制造业基地和城郊特色农业示范基地。合川大力发展新能源产业和文化旅游产业，同时考虑预留大型区域性交通基础设施用地。

永川—大足—荣昌城镇组群是重庆都市圈的工业发展重地，具有辐射联动川南地区的重要作用，是成渝地区双城经济圈经济合作的窗口和门户。针对这个区域要积极建设大型区域性产业配套设施，建成生产服务中心、物流贸易枢纽和职业教育基地。永川是成渝地区双城经济圈的重要战略支点，以制造业为主导，建设区域综合交通枢纽和物流商贸中心。大足是国际知名的旅游目的地、中国西部五金之都，重点突出产城融合发展。荣昌的定位是新兴工业城市、国家现代畜牧业示范核心区，有条件打造川渝合作共赢先行区。

涪陵—长寿城镇组群是大都市区的综合产业基地。涪陵作为区域内重要的综合化工和先进制造业基地，长寿作为国家级重化工基地和专业物流中心，应积极建设综合化工基地、件杂散货中转枢纽和原材料储运基地，对接长江经济带和乌江经济走廊，以此辐射带动渝东北城镇群和渝东南城镇群发展。

万盛—綦江—南川城镇组群是大都市区的特色化发展地区。万盛是全国资源型城市转型示范区，近年来积极与黔北合作建设能源基地。綦江是渝黔合作的门户和区域服务中心。南川是全国重要的新材料基地、休闲度假旅游目的地和城郊特色效益农业基地。依托万盛、綦江、南川三大重要城镇，建设重庆大都市区辐射联动黔北地区的重要载体，面向黔北发展资源深加工和生活消费、旅游服务。

铜梁、潼南等城市则以建设重庆大都市区的特色产业基地为目标，承接都市区的产业转移和专业服务职能。

二是将四川的泸州、广安纳入重庆都市圈统筹协同发展。根据国内外都市圈的建设经验与发展规律，都市圈一般会形成 25~30 公里半径的建设用地集中连绵范围、30~50 公里半径的区域协调范围以及 50~120 公里的功能辐射范围。广安市距离重庆约 100 公里、泸州市距离重庆约 120 公里，在重庆都市圈的功能辐射圈范围内。谋划广安和泸州融入重庆都市圈，既符合都市圈发展的科学规律，更有利于川渝合作在毗邻地区落到实处，具有引领示范意义。

川东北的城市距离成都较远，和西安又有秦岭相隔，主要交通走线和经济往来与重庆主城联系最为紧密，是重庆的传统腹地，如 30% 的重庆江北机场客源来自川东北。在重庆辐射川东北的发展走廊上，需要百万级的城市承接相应的功能，并以此为据点带动辐射区域的发展，广安作为重庆向北辐射的第一站，区位条件优越，理应发挥节点性城市功能。应当重点加强渝广国家级合作功能区建设，深度承接配套产业转移，打造重庆工业配套基地、农产品供应基地。推动区域旅游协作，向重庆供给旅游产品、休闲度假空间以及养生养老服务，发展以小平故里为代表的红色旅游、以华蓥山为核心的森林体验康养旅游、以休闲交往为特色的沿江文化旅游，并融入重庆旅游产品体系。

泸州在自然生态格局中与重庆一衣带水，推进渝泸一体化有利于推动长江经济带高质量发展。应当协同推进重要水系流域的保护和开发进程。重点对长江、沱江、嘉陵江等水系加强综合整治，严格控制污水处理率和污水厂尾水水质。在适当地区增设人工湿地，净化水质。在城镇建成区内河道干流以及主要支流等两侧防洪堤外建设沿江生态绿地，改造城区内河流堤岸，营造沿河绿化带，建设生态型河堤。同时，提升内河航运等级和能力，加快改善长江黄金水道四川境内的航道通航条件。重点整合泸州、宜宾和乐山的港口资源，与重庆港口协同建设长江上游（川渝）航运中心。

（二）培育区域性中心城市

成渝地区双城经济圈是西部地区人口增长最快的地区之一，但目前该区域只有成都和重庆两个特大城市，而位于这两大城市之间的大量中小城市的经济总量和人口规模与成都、重庆两个特大城市的差距巨大。一方面，成渝之间的中小城市要借力发展，利用成都和重庆两极辐射带动作用，承接成渝部分功能外溢，促进自身发展；另一方面，不能把发展动力完全寄托于成渝，应立足自身发展条件和特色优势，激发本地发展活力，实现高质量、可持续发展。

1.建设川南城镇密集区

川南城镇密集区包括内江、自贡、泸州和宜宾的主城区及部分区县（市），该区域城市之间空间距离较近，城际交通便捷，经济联系紧密。根据四川省提出的"一干多支、五区协同"战略，川南经济区是四川省五大协同发展区之一，是四川省的"新增长极"，是成渝地区双城经济圈南向开放、辐射滇黔的重要门户，在区域协调发展格局中发挥着重要作用。

内江、自贡是川南经济区的核心城市，是对接成渝的枢纽节点城市。内江处于成渝通道的中间位置，自贡位于内江西南方向，内江、自贡主城区之间的直线距离 30 多公里，两市之间交通连接方便而紧密，距成都和重庆主城区 150～200 公里。内江、自贡的 GDP 均约为 1600 亿元，在全省处于中游位置。内江、自贡同城化发展（以下简称"内自同城化发展"）是由当前两地所处发展阶段决定的，是两地加快城镇化进程、实现经济高质量发展的有效途径。

表 4-1　2021 年内江、自贡与全省、全国发展情况对比

单位：元，%

指标	内江	自贡	四川	全国
人均 GDP	51119	64909	64300	81000
产业结构	17.3：32.8：49.9	15.2：39.2：45.6	10.5：37.0：52.5	7.3：39.4：53.3

内自同城化发展就是要两地突破行政区划制度藩篱从而实现融合共生。加强区域合作协调发展，使两地成为区域发展共同体，实现资源要素同用、竞争优势同构、城市营运同体。内自同城化发展的目标是要打造成为成渝地区双城经济圈的第三增长极，由"中部塌陷"向"中部崛起"转变，由此改变区域城镇体系结构，强化区域中部支撑。推进内自同城化要把发展放在第一位。发展的动力一方面来自内生动力，另一方面来自外部推力。

内生动力的主要来源为：一是内自同城化体制机制创新。内自同城化应在规划衔接、制度互鉴和政策协调上发力，不断完善内自同城化发展规划体系，形成两市合作对接机制。二是优化内自两地资源配置，将双方优质资源进行系统梳理，在更大空间范围内进行优化配置，以减少由传统行政区分割带来的效率损失。三是挖掘和培育具有本地特色的产业。内自两地可在特色餐饮、特色服务、旅游产品等方

面进行深挖，加强两地特色产业融合，立足本地，借势发展。四是营造良好的营商环境，鼓励发展更多服务本地的企业。

外部推力主要来自以下三个方面：一是将区域经济走廊作为内自同城化的空间形态，依托内自两地的各类园区，打造承载两地实体经济发展的经济走廊，为资源要素在更大空间范围内进行配置提供可能。打造内自同城化协作产业园区，使其成为两地产业融合发展的载体。通过市场化、专业化等方式运营园区，避免地方利益纷争。同城化协作产业园区的建设应争取省内相关政策支持，在取得一定成效后申报成为国家级产业园区。二是谋划内自同城化重大基础设施布局，重大基础设施布局既要与未来同城化经济走廊走向相吻合，更要考虑内自两地对外联系的问题。把基础设施作为内自同城化的重要抓手，利用同城化之机，谋划和布局高铁、航道、机场等基础设施建设，构造城际快速交通路网。三是设立同城化发展基金，利用金融手段撬动社会资源参与同城化建设，以此支持同城化协作园区发展、推进重大基础设施建设、培育符合两地特色的产业，共同夯实同城化的发展基础。

2021 年，宜宾市和泸州市 GDP 在全省排名分别为第 3 位和第 6 位，是川南城市群中经济体量最大、发展较快的两个城市，在区域经济发展中起引领作用。同时，由于泸州与宜宾的区位条件相似，在酒业、化工、能源等支柱产业方面存在明显的同质化竞争问题。因此，要积极推动宜宾与泸州一体化发展。

要加快推进产业布局一体化，集聚发展宜宾、泸州的优势特色产业，通过产业联动、培育产业链、集群化发展，强化产业整合，打造纵向分工协作、横向错位发展、产业优势互补的产业体系。以白酒行业为例，要大力实施品牌战略，以宜宾五粮液和泸州老窖为龙头等打造世界级白酒产业集群。两地还要建立合理的利益分享机制，不断延长产业链，由相互竞争转向竞合发展，取得"1+1>2"的效果。要加快基础设施建设一体化，尽管川南城镇密集区的交通格局已基本形成，但在构建连通两地的现代基础设施体系方面仍需加强，如在机场建设方面，宜宾和泸州各自的机场等级较低，要加强协同。同时，在优化营商环境、建立区域人才市场等方面要出台有力的政策举措，加快推进市场体系一体化。推进泸州港、宜宾港建设开放口岸，积极争取国家开放口岸政策支持。共同推进长江黄金水道畅通工程建设，加快整合宜宾和泸州的港口资源，加快航道整治、航道升级等项目建设，携手打造长江中上游综合交通走廊。

2. 培育川东北区域性中心城市

加快培育南充、达州成为川东北区域性中心城市，突出南充和达州的双核带动作用，对强化川东北经济区整体实力、完善成渝地区双城经济圈的空间格局具有重要意义。

南充是川东北区域的经济大市、人口大市、农业大市、科教文卫大市。2021年，南充市GDP达到2602亿元，排名全省第5，在川东北地区排名第1，常住人口达556.2万人，排名全省第2，仅次于成都。作为成渝地区北部中心城市和川东北区域中心城市，南充对进一步增强川东北区域整体实力具有重要作用。

南充应进一步发挥作为区域中心城市的引领带头作用，推动南西蓬一体化发展。加快推进川东北区域协同发展，积极推动川东北5市在交通、产业、文旅等领域的合作交流。加强与成都、重庆的联系协作，深入推进产业同链、公共服务共建共享，主动承接成渝两地转移疏解的产业和功能。积极加强与绵阳、宜宾、泸州等区域中心城市的务实合作与交流。推进完善区域合作交流机制，成立协同发展工作领导机构，完善上下联动工作机制和区域合作交流机制，加强工作统筹管理，确保川东北区域协同发展工作有序推进。强化城市产业支撑，促进先进制造业加快发展，培育壮大汽车汽配、电子信息、生物医药、节能环保等战略性产业集群，打造新兴产业制造业中心。要重视推进城市基础设施建设，着力完善交通运输网络，以高速铁路、高速公路和机场航空为纽带，强化对外联系。积极打造国家级重大开放平台，加快复制推广四川自贸试验区制度创新的成功经验，加大力度把南充打造为全省开放合作副中心。

达州市是四川省农业大市、人口大市、资源富市、工业重镇、交通枢纽和革命老区，是成渝地区双城经济圈、川东北城市群的重要节点城市，是四川对外开放的"东大门"。2021年，达州市GDP达2352亿元，排名全省第7；常住人口规模538.5万，排名全省第3，仅次于成都和南充。达州处于川渝陕结合部，交通区位优势突出，可吸纳人口规模较大，与南充相类似，有建设成为川东北区域中心城市的潜力和条件。

统筹推进达州市的现代立体交通体系建设，加快高铁、公路、水运、航空综合立体交通体系建设，打造四川省通江达海的东通道和成渝城市群北大门。争取将物流枢纽、产业园区建设等重大项目纳入国家级、省级规划，积极寻求资金、土地等指标支持。完善达州城市公共服务设施，积极创建全国文明城市、国家卫生城市，提升城市整体品质。构建达州全域旅游体系，打造达州文旅品牌，彰显区域特色，提升城市文化影响力。强化产业支撑能力，坚持产业立市、产城一体发展，充分利用达州的资源优势、区位优势，突出抓好工业转型升级、服务业提档升级，大力发展机械电子、建材等优势产业，精准支持能源化工、新材料、现代物流等现代服务业，促进特色产业转化为优势产业。推进区域对外开放合作，强化与川东北经济区其他城市在交通、旅游、产业等方面的协同合作，以"一干多支、五区协同"为契机，积极寻求城市发展所需的政策和资金支持。加快达州与万州区域联动，积极推进达州—万州综合交通走廊建设，打造成渝地区双城经济圈向东开放的通道，有效连接长江经济带与"一带一路"，以此为基础促进对外开放，发展壮大经济。

（三）促进毗邻地区协同发展

1. 加强毗邻地区经济板块协同发展

促进毗邻地区经济板块优势互补、协调发展，是推动成渝经济合作的重要支撑。要顺应空间结构变化的趋势，深入推进各地的差异化协同发展，实现优势区域的更好发展、生态功能区的更好保护。

着力推进区域副经济中心建设，推进绵阳科技城新区、宜宾三江新区以及南充临江新区高质量发展，推动"多中心、多组团"发展模式的探索，支持绵阳加快建设成为川北经济副中心、宜宾与泸州组团建设川南经济副中心、南充与达州组团培育川东北经济副中心，加快提升乐山发展能级，做强城市特色功能。加快提升成都平原经济区的引领带动作用，依托成德眉资同城化带动全域一体化发展，凭借区域科技创新优势，合作共建一批现代高端产业集聚区，拓展内陆开放门户功能，加快现代化建设进程。

加快川南经济区一体化发展进程，推进宜宾与泸州协同发展、内江与自贡同城化发展，以此打造南向开放的重要门户。支持川东北经济区振兴发展，加快东出北上的综合交通运输通道建设，打造成都至南充、达州、万州方向的沿线经济走廊，推进嘉陵江及渠江的绿色经济带建设。促进攀西经济区特色发展，提升安宁河流域高质量发展水平，增强大小凉山彝区自我发展能力，进一步巩固拓展脱贫攻坚成果。提高川西北生态示范区绿色发展水平，强化生态环境保护要求，进一步增强该区域的重要生态区功能，并探索生态产品价值实现新路径、新模式，推动长江黄河上游生态屏障建设。

2. 建设成渝高质量协同发展示范区

深化成渝毗邻城市合作是成渝地区双城经济圈协同发展的重要基础，也是构建"一轴两带、双核三区"空间格局的关键。沿成渝发展主轴的中部区域建设成为成渝地区高质量协同发展示范区，集两省市合力，争取在跨区域制度创新和政策突破方面先行先试。支持成渝发展主轴"中部崛起"纳入国家和全市"十四五"规划。成立遂潼新区，建立"川渝合作示范园"，探索成渝发展主轴"中部崛起"试点。四川省、重庆市政府共同设立川渝合作省（市）级区域合作专项资金，用于支持区域间交流合作、产业联动、民生共享等重点项目建设，促进区域间合作纵深拓展。

3. 推进毗邻区域基础设施互联互通

加快贯通东西南北的大通道项目建设。一是铁路方面，规划建设南（潼）泸城际铁路（南充—潼南—大足—荣昌—泸州）和天府机场至江北机场高铁，完善成渝北线铁路网络。打通合川至潼南、潼南至大足市郊铁路，延伸璧山到铜梁轨道交通经潼南至遂宁，并利用现有成渝铁路增开过境潼南动车班次，形成都市圈市郊铁路大环线。推动成都、重庆两大都市圈内实行公交和轨道交通一卡通制，方便群众出行。二是高速公路方面，推动渝遂高速扩能，加快北碚至铜梁段高速公路建设，同时加快实施潼南段工程，打通北碚—铜梁—潼南—遂宁新通道。新增广潼高速，线路走向为从南泸高速潼南龙形镇附近引出，沿东北向至广安武胜，促进潼南、广安川渝合作示范区协调发展。三是水运方面，加快推进双江航电枢纽项目建设，将涪江航道提升为四级航道，打造涪江流域黄金水道。规划建设涪江中下游（右岸）水资源配置工程，切实解决区域水资源短缺问题，优化全市水资源配置。四是航空机场方面，在潼南通用机场基础上，增加货运功能，并规划预留潼南支线机场，完善全市干支结合的机场体系，服务成渝中部航空出行并支撑片区旅游发展。

4.强化毗邻区域产业对接协作

根据各地区条件、资源禀赋、产业基础等，深化产业合作，引导产业合理布局，共同挺起成渝城市群发展的"脊梁"。依托绵阳、自贡、内江、璧山、永川、荣昌等已获批国家高新区，以及潼南、铜梁等即将获批国家高新区，打造成渝城市群高新产业走廊，形成创新共同体，并合作建设一批战略性新兴产业基地和高新技术产业园区。

充分挖掘产业优势，通过推动区域要素互补，大力推动区域产业蓬勃发展。依托智能制造和模具产业园，大力发展数控机床、机器人、人工智能等产业，协力打造成渝中部智能制造产业集群。积极打造位于重庆西部的潼南现代物流园，建设区域性的绿色生态冷链物流基地，壮大蔬菜、灯饰、家居建材等专业市场，构建成渝现代物流枢纽中心。

依托川渝地域相连、人缘相亲、经济相融、文化相通的特点，充分挖掘区域文旅资源潜力，促进文化旅游深度融合。加强与广安等地的红色文化开发合作，升级保护伟人故里景区，策划打响"红色旅游文化地"品牌。共同推行4A级景区"通票制"，互开景区景点旅游直通车，形成旅游环线。强化潼南柠檬节、菜花节的辐射带动作用，联合安岳、武胜等集中展示川渝农耕文化，共同打造"四季花会"等乡村旅游品牌。依托潼南大佛寺、大足石刻、安岳石刻等石质文物，打造佛文化旅游精品线路。常态化举办"川剧文化交流艺术节"，邀请周边区（市）县参加由潼南主办的龙舟赛、国际马拉松赛等体育赛事。加强川渝泛琼江流域文旅产业联盟建设，并在重庆、成都及周边等 10 余个重点城市开展专场旅游推介会，提升成渝旅游圈形象。

5. 推动毗邻区域环境共治、服务共享

实施生态环保联动机制，推动信息共享、上下联动预警、事故联合处置、舆情共同管控。省（市）层面加快建立集中巡河和交叉巡河、生态补偿等机制，深入推进遂宁、资阳、潼南、铜梁等周边区域生态环境共建共治。加强区域环境风险防控与执法，成立联合调查执法工作组，严肃查处环境违法行为。

加强统筹协调，优化资源配置，推动基本公共服务的对接与共享，让成渝城市群老百姓共享发展成果。加强省级层面的协作，建立统一的医疗保障、社会保障、就业创业体系等。引进市内外优质学校、医院落户潼南，促进优质教育、医疗等公共服务资源向渝西延伸，满足城镇化发展需要。

（四）分类推进以县城为重要载体的新型城镇化

2022 年 5 月，中共中央办公厅和国务院办公厅印发《关于推进以县城为重要载体的城镇化建设的意见》（以下简称《意见》），明确指出县城是我国城镇体系的重要组成部分，是城乡融合发展的关键支撑，对促进新型城镇化建设、构建新型工农城乡关系具有重要意义。在我国新型城镇化进入中后期阶段，城市群、都市圈及其内部的县城成为实现高质量发展的主要载体。一方面要持续发挥城市群、都市圈的区域经济引擎作用，形成辐射带动效应；另一方面，也要走下沉路线，激发县城发展活力，努力吸纳城镇人口返乡和农村人口进城，拉动产业经济发展。因此，要加快推进以县城为重要载体的新型城镇化建设。

四川省有 183 个县（市、区），数量是全国最多的，类型丰富，而且所处的发展阶段不同，经济水平差异较大。因此，推进以县城为重要载体的城镇化建设需要因"县"施策，可以根据县城的区域位置，结合自身条件，分以下情况探索城镇化发展的重点方向。

1. 大力发展成渝都市圈范围内的县城

随着城镇化发展进入中后期，城镇人口还会持续向城市群、都市圈集聚。所以，位于大城市周边的县城更容易受到大城市的辐射带动作用。这些县城能够很好地承接大城市的产业转移和相关功能疏解，具有极大的发展潜力。因此，要支持城市群和都市圈范围内的县城与邻近的大城市协同发展，主动融入大城市，承接人口、功能和产业转移，特别是一些专业市场、区域物流、职业教育和公共服务资源的转移。同时，要强化城际交通连接，通过高速公路、轨道交通实现与大城市的便捷通勤。

资阳市的乐至县是成都都市圈范围的重点县，也是 2020 年国家发展改革委选择的 120 个县城新型城镇化建设示范县之一。近年来，乐至县立足自身比较优势，从基础设施同城同网、公共服务共建共享、产业协作配套等多方面发力，加强与成都都市圈相关区县的联动，积极融入成都都市圈建设。

目前，乐至正加快构建区域交通走廊，形成"1 个综合营运枢纽集散中心、3 条轨道交通、5 条高速公路、11 条快速通道"的"13511"现代化综合交通系统，与成都及都市圈其他区县形成"紧密衔接、高效通达、内畅外联"的交通新格局。

2. 积极培育具有独特资源禀赋的专业功能县城

四川地域广大，不同地区自然地理条件、文化传统和经济社会发展的差异较大，这决定了其城镇化模式必须大中小城市多元互补、协调发展。不能每个县城都要追求"强"，相比之下更多的县需要做"特色"，特别是那些既不在成都都市圈范围内，也难以从地级市直接借力的县城，适合走"小而美""小而精"的路线。这些县城具有较好的资源禀赋和产业基础，能够依托比较优势发展特色产业，走"专精特优"路线，成为吸纳农业转移人口就地就近城镇化的重要空间。因此，要支持这类县城培育内生动力，发展支柱产业和特色经济，强化平台支撑作用，提升就业吸纳能力。

四川省的蒲江县地处成都、雅安和眉山三市交会处，距离成都主城区约一个半小时车程，拥有"三山两河四湖"等多处著名的人文自然景观。生态资源丰富，有延绵不绝的马尾松林、茶园和林盘。蒲江县森林覆盖率达到67%、全年空气优良天数超过90%，属于成渝地区双城经济圈的"近郊氧吧"。目前，蒲江县紧扣生态文旅的发展主题，将新型城镇化与特色旅游经济充分衔接起来，形成了良好的示范效应。

3. 合理有序地发展农产品主产区县城

很多县市位于农产品主产区范围内，具有良好的农业基础。因此，要推动这类县城集聚发展现代农业，延长农业产业链条，实现一二三产业融合发展。在有效保障粮食安全的基础上，大力发展附加值高的农特产品，做优做强农业生产性服务业和农产品加工业，更多吸纳县域内农业转移人口，为解决"三农"问题提供有力支撑。

四川省的安岳县位于成都、重庆两市的中轴线上，是典型的农业产业大县，蹚出了一条"柠檬+粮食"的高质量发展新路子。柠檬是安岳县的拳头产品。2021 年，安岳县柠檬种植面积达 48 万亩，柠檬产量为 53 万吨。全县有柠檬种植户 11 万户，每个果农年收入接近 2 万元。同时，安岳的柠檬产业链已经延展开来，研发生产的柠檬面膜、柠檬糖果、柠檬茶、柠檬果酒、柠檬饮料、柠檬护肤品、柠檬果胶等系列产品已达 200 余个，成为全球开发加工产品最多、最全的柠檬产区。

二　打造"优势互补、开放共享"的区域创新共同体

（一）积极打造成渝区域协同创新共同体

立足于重庆良好的产业技术和成都较强的科研实力基础，通过龙头带动、分工协作等方式，加强两地在科技创新方面的协同合作，在全国范围内形成创新引领的带动和示范作用。

1.共建具有全国影响力的西部科学城

通过"一城多园"的方式，加快区域内产业互补、平台互联互通、人才技术交流、政策互惠互利，引进更多高层次的科技资源，以重庆科学城、成都科学城和两江协同创新区建设为龙头，协同打造西部科学城。[①] 发挥成渝各类科技创新空间载体和顶尖科技产业创新平台的作用，汇聚国家实验室、国家级新区、国家自主创新示范区、国家级科技平台以及重庆 30 个工业园和成都 66 个产业功能区等，分别承担基础研究、应用研究和产业发展等不同阶段的创新任务。在积极争取国家大科学装置、国家级研究平台落地的同时，进一步促进国家

[①]　成都科技顾问团：《G60 科创走廊协同创新模式对成渝"一城多园"共建西部科学城的启示》，《决策咨询》2020 年第 5 期。

级科研机构设立分支机构。

2. 强化核心引擎的区域创新龙头地位

继续强化成都、重庆在科技创新、培育新动能等方面的龙头作用。成都需着眼于源头创新，形成技术革新、产业创新的发展主线。在现有基础上继续推动核心技术升级，实现引领性原创成果的重大突破。增强成渝在国际科技领域的话语权，将成渝地区打造为"全球创新网络的重要节点、国家和区域创新发展的辐射中心"。加强成都、重庆两大核心城市资源共享、平台共建，避免资源浪费，增加重大项目的落地机会。

发挥成都天府新区和重庆两江新区的创新引擎作用。聚焦提升关键领域的科技创新能力，提升实体经济高质量发展水平。成都天府新区要在现有领军企业和潜在"独角兽"企业的基础上，加大力度培育数字经济、智能经济、绿色经济、创意经济、流量经济、共享经济"六大新经济形态"的引领型企业。以成都科学城为核心、天府新区科技创新和新经济发展产业功能区为轴的"中"字形创新创业聚集发展区域，将"独角兽岛"建成四川省乃至西部地区具有标识度、带动力的新经济企业成长高地和"独角兽"企业孵化培育平台。重庆两江新区要以两江数字经济产业园为核心，加快全国数字产业化发展和产业数字化应用高地建设。在成渝地区双城经济圈发展格局下，两大国家级新区应加强产业联动发展、创新资源共享，协同吸引跨国公司地区总部入驻，打通双方产业链、供应链，共同构建世界级的优势产业集群。

3. 合力打造成渝地区科技创新走廊

集聚创新要素的走廊既能进一步加速创新主体的集聚和创新要素的溢出，又能促进走廊上节点的专业化分工。经郑德高等学者分析，国内外创新走廊一般具有以下特点：100~300公里的相对线性发展的空间形态；以高速公路、城际铁路等交通干线为依托；高度集聚科研机构和创新组织；既有产业自发集聚的优势，又有政府必要的引导。[①] 当前，除成都、重庆外，绵阳、自贡、乐山、泸州、内江、德阳、璧山、永川和荣昌等已获批国家高新区，铜梁、潼南即将获批国家高新区。借鉴硅谷101号高速公路、波士顿128号高速公路和长三角G60科创走廊的经验，建议打造U形"成渝地区双城经济圈科技创新走廊"，将主要的国家级新区、国家高新区、国家科学城和国家级经开区串点成线，连线成面，打破行政区划界限，推动园区互动、资源共用、互补发展，因地制宜布局高新产业，实现科研—产业—城市的深度融合。

专栏4-1：国内外科技创新走廊发展经验

《美国2050》（America 2050）提到了美国境内的两条创新走廊——101号高速公路创新走廊和128号高速公路创新走廊（见图4-4）。两条创新走廊都是科研—产业—城市深度融合的典范。101号高速公路位于硅谷至旧金山的湾区，南北长80公里，依托斯坦福大学等科技创新资源，沿途孵化和诞生了苹果、谷歌、甲骨文等科技标杆企业，成为带动区域经济发展的重要经济走廊和引擎。值得注意的是，除了大学、机场等城市配套设施，沿沙丘路集聚的红杉资本等风险投资机构也是区域科技创新的重要支撑力量。波士顿地区的128号高速公路则依托以麻省理工学院为主的科技创新力量，集聚了众多产业中心/产业公园，汇聚了电子、生物工程等高新技术研发和产业力量。

[①] 郑德高、马璇、李鹏飞、张亢：《长三角创新走廊比较研究——基于4C评估框架的认知》，《城市规划学刊》2020年第3期。

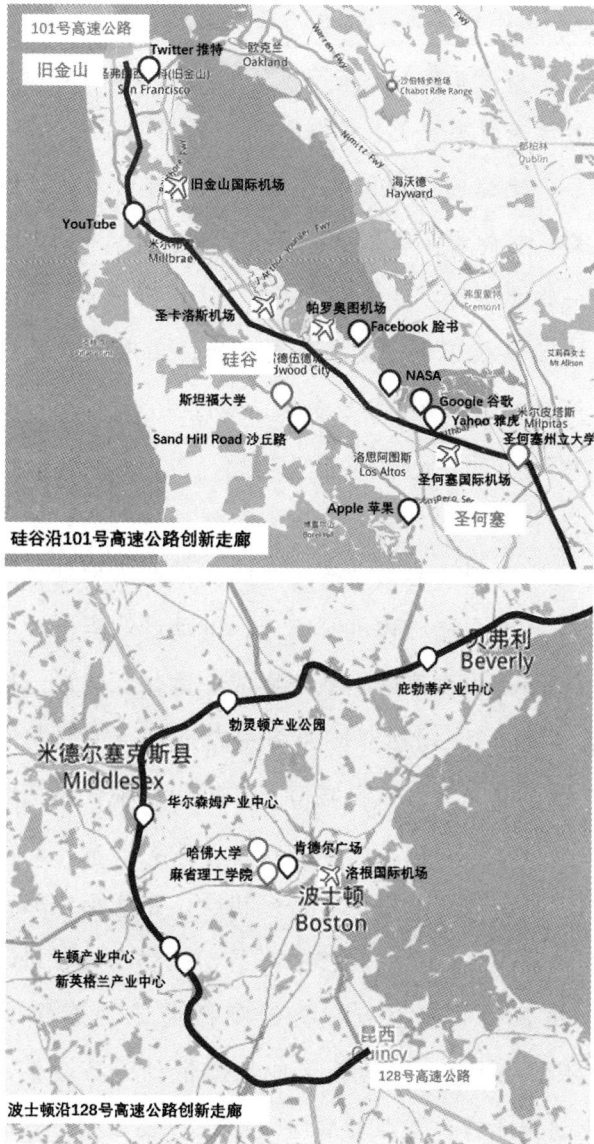

图 4-4　硅谷 101 号高速公路和波士顿 128 号高速公路创新走廊

长三角 G60 科创走廊长度约 400 公里，经历了 1.0 松江版——2.0 嘉杭版——3.0 九城共建版的"三级跳"，覆盖长三角三省一市九城，是当前国内发展势头迅猛的科技创新走廊之一，被国务院评为供给侧结构性改革典型案例。G60 科创走廊串联了张江高科技园区、苏州工业园区、上海临港松江科技城等知名科创园区，围绕人工智能、集成电路、生物制药等先进制造业产业集群，推进产业链、创新链和价值链一体化布局。沿线城市成立多个产业联盟，推动重大主题项目、龙头项目集聚落地，发挥各自所长，实现优势互补。2021 年九城市集聚高新技术企业 2.9 万余家，地区生产总值达 7.55 万亿元，同比增长 9.0%。

成渝地区科技创新走廊沿线城市应注重聚焦规划对接、战略协同、专题合作、市场统一和机制完善，推动产业集群发展空间布局一体化、制度创新和改革措施系统集成一体化，建设一批创新型城市和创新型县（市）。虽然双城经济圈内具有一定程度的产业同构现象，但成都、重庆两大核心城市正在经历从现代制造业到生产性服务业、生产研发高新技术产业的转型升级，为双城经济圈内其他城市承接加工制造等产业提供了较多机会。走廊沿线城市应积极做好承接成都和重庆主导产业转移的准备，推动高校、科研机构等创新资源合作共赢和共享互补，将走廊打造成为连接成都、重庆"双核"的新型经济带。由创新产业集群带动经济增长，提升沿线城市的产业创新能力，重点发展电子信息、装备制造、商贸物流和科技服务等产业，促进轨道交通、生物医药等产业深化协同发展。进一步引导成都、重庆、绵阳的企业与其他市州开展产能、技术、资本等多领域合作。探索成都—重庆—绵阳"总部研发+市州生产配套"模式，支持市州企业在成都—重庆—绵阳设立营销总部、研发中心和招商机构，持续开展成都—重庆—绵阳企业市州行，推动成都、重庆、绵阳行业协会等跨区域联动。

（二）加强合作共赢的国际科技创新合作

聚四海之气、借八方之力，以全球视野谋划和推动创新，全方位加强国际科技创新合作，加快知识、技术、人才等创新要素在国际平台流动，尽快将成渝地区双城经济圈建设成为创新型区域。

1. "走出去"：与顶尖科研机构合作，主动融入全球科技创新网络

深化国际科技交流，加强科技创新合作，强化技术产品孵化创新。与欧洲顶尖科研企业通力合作，学习世界前沿技术工艺，强化技术和产品引进、孵化与创新，为绿色发展提供技术支撑。借鉴国家电网全球能源互联网欧洲研究院等经验，将研究机构前移至工业技术发达国家，成立联合实验室，与合作伙伴或潜在伙伴面对面沟通，加速最先进研究成果的转换应用，实现有效互补和合作双赢。

2. "引进来"：突破关键工艺技术和环节，打造产业生态圈联盟

主动布局和积极利用国际创新资源，利用国际先进技术，尤其是在数字化转型和智能制造等领域，加快企业制造业智能化进程和业务转型步伐。为成渝地区引入外籍科技人才做好机构认定等服务保障工作，确保国际技术合作的顺畅开展。借鉴福耀玻璃与戴尔易安信合作的经验，通过引入戴尔创新技术提升了福耀玻璃的研发设计水平，加速了福耀智能制造进程，助力其实现了全球生产设计基地的统一管理、生产流程标准化和业务全流程管理。戴尔易安信先后提供了1200余个高性能工作站，用于福耀玻璃3D设计、仿真模拟和产品设计，使得福耀玻璃能够实时响应客户需求，大大缩短产品的研发周期

和上市周期。

3.合作交流：以"一带一路"为重点，惠及更多区域和人民

重点加快成渝"一带一路"科技创新合作区和国际技术转移中心建设，结合人文交流推进"一带一路"科技交流，推动联合实验室、科技园区、技术转移的合作。围绕人工智能、生物医药、信息技术、现代农业、装备制造等领域，积极推进中国—欧盟、中国—东盟、中国—南亚等技术转移中心建设，打造"一带一路"西部科技创新枢纽。鼓励成渝地区企业参与"一带一路"建设，积极打造面向沿线国家的科技创新联盟和基地，在实现自身发展的同时惠及其他国家和人民。借鉴中车永济电机公司经验，通过在印度注册成立中车先锋（印度）电气有限公司，为印度铁路提供完备的技术支持，有效破解了印度铁路公司电机系统设计制造能力不足、故障电机无法修理等累积多年的问题。

（三）建立以应用为核心的军产学研创新体系

根据黄奇帆的研究，创新包括三个阶段："0～1"原始创新阶段、"1～100"科技转化为技术的技术创新阶段和"100～1000000"产业化阶段。[①] 在成渝协同创新的道路上，应形成有效的分工体系，提升区域整体创新能力，并着重增强以应用为导向的技术创新阶段和产业化阶段的实力（见图4-5）。充分发挥成渝的军工产业优势，建立以企业为核心，大学与科研机构、地方政府和中介机构相互配合的军产学研创新体系。

1.着重加强应用型创新研发

联合攻关关键核心技术，统筹发挥成渝地区科教资源优势，引入国

---

① 黄奇帆：《战略与路径——黄奇帆的十二堂经济课》，上海人民出版社，2022。

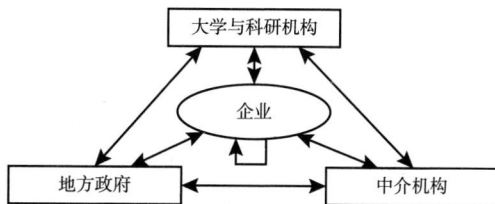

图 4-5 区域创新体系结构模式

资料来源：笔者自绘。

内外科技创新力量，加快在先进制造、信息技术、汽车、航空航天、生物医药、新能源、新材料等领域开展基础研究和应用研究，加快突破核心技术、开发硬核产品，着力提升产业基础能力和产业链现代化水平。

鼓励企业大力开展应用型创新活动。积极推动新技术、新专利的应用，尤其要鼓励中小型民营科技企业的创新活动。针对这类企业发展前期高投入、高风险的特点，以及科技创新条件和人才招聘的问题，政府在产业基金、研发扶持方面应给予中小型科技公司更大力度的倾斜，支持民营企业参与国家科研项目，出台更多支持政策帮助中小型科技公司留住优秀人才。

专栏 4-2：德国以企业为主角的高效应用型创新体系

高效的创新体系是德国成为世界制造和出口大国的重要基础。德国打造了"政府搭建平台，企业为主体"的政产学研分工体系。政府制定产业政策，提供资金和服务支持，企业负责科技创新成果产出。为了推动工业 4.0 发展，大型龙头企业和中小企业分工协作，分别承担牵头制定标准和广泛参与的角色。为更好地推动中小企业创新，德国政府推出了一系列支持中小企业发展的项目，帮助其迎接数字化、全球化和价值链重塑带来的机遇与挑战。初创企业作为极富创新活力的群体，可在德国获得良好的发展条件。德国联邦议院 2016 年底通过了一项法案，允许本国初创企业在将当前盈利与过往亏损进行冲抵后再缴税，即把初创企业可能出现的亏损以税收减免形式予以补偿。

重视应用对研发的哺育作用。即使在日本等制造业强国，制造装配也从来不是低价值、少创新的代名词，而是与研发实现充分互动的重要环节。如日本的"母工厂体制"，始终坚持"研发在本土，最先进的工厂也留在本土"的策略，最终形成了"研发—制造"相互哺育的策略。"母工厂"一直是日本企业保持全球竞争力的关键，涉及从基础研究到产品核心技术研发环节。日本把变更频繁的产品放在本国"母工厂"中，可以实现多品种、小批量生产；对于设计变更少的产品，一般将其放在海外，进行少品种、大批量的生产。[①] 成渝地区制造业基础良好，应充分立足于这一优势，与研发环节之间形成互哺，切不可过度"去工业化"。

让工业领域快速分享技术红利。通过制定各种激励措施，搭建创新合作平台，出台一系列服务保障措施，把知识创新、科学研究与经济建设结合起来，有效发挥企业的中试作用，把创新活动内化为企业的自发行为。应借鉴德国等研发大国将基础科学和应用技术研究充分结合的经验。德国的研发部门主要分为两类：专注于基础性、前瞻性研发的高校及科研院所，包括德国国家科学与工程院、综合性大学、应用技术类大学在内的高校；专注于实际应用的技术研发机构、企业研发部门和科学协会组织。以拥有 70 多个研究所的弗劳恩霍夫应用

---

① 《日本"母工厂"建设实践对我国的启示》，《中国工业评论》2017 年第 8 期。

技术研究院为例，其每年 20%～30%的科研资金来自德国中央及地方财政、70%～80%来自工业界研发委托，因此能够更加贴近社会和工业实际需求。2016 年德国依托"创新高校"项目，持续推动高校"成果转化与创新"。①

通过渐进式创新逐步夯实技术基础。虽然部分企业在少数领域已经实现突变式创新，但成渝地区整体创新基础仍较薄弱，需要通过渐进式创新逐步夯实技术基础。举例来说，在工业 4.0 和智能制造等领域，成渝地区的企业还未掌握主要部件的核心技术，汽车制造和集成电路产业链的中高端部分仍以进口为主；企业信息化基础较为薄弱，主要管理软件（ERP、MES、CRM 等）存在信息孤岛和数据整合问题，也未打通供应链，无法形成人、机、料、品的动态联动。为此，只有先解决这些在工业 2.0、工业 3.0 中长期累积的问题，才能进一步促进工业 4.0 的发展。

2. 加速形成研发网络

充分发挥成渝地区科研院所多、科研仪器丰富、覆盖领域广、技术先进的优势，协同推进科技创新。

推进工业领域标准通用化。打通企业与各级政府、事业单位的产业协同创新渠道，提高科技成果转化水平。着力打造具有核心竞争力的产业集群，支持卫星导航、信息安全、智能装备制造等高技术产业化发展。

创新需求生成对接和任务联合攻关机制。重点破解需求生成联合不够、转化不畅、刚性约束不强等问题，加快体系化设计、项目化推进、集约化增效，通过相互促进、相互引领，提高需求生成的科学

---

① 阳晓伟、闭明雄：《德国制造业科技创新体系及其对中国的启示》，《技术经济与管理研究》2019 年第 5 期。

性、系统性和针对性。坚持联合攻关、统一部署、协同实施，加强重大基础前沿问题协同攻关，建立新兴前沿技术发现识别、预警探测、分析研判机制，实现科技创新资源融合和优势互补，提高创新效益。

创新资源开放共享机制。在不打破科研院所原有运营机制的基础上，实行"线上+线下""公益+市场""自营+中介"服务模式，积极开展供需信息对接、检验检测、仪器拍卖、抵押融资等服务。建立仪器数据共享联盟，拓展全链条仪器服务功能。组织设立科技服务"创新券"，引导、鼓励科技型企业使用共享平台提供的科研设施与仪器开展科研活动，购买相关协同创新服务，切实提高共享设备使用效率。

（四）共同提升科技创新支撑和保障能力

科技资源高度分散，开放共享服务能力不够、缺乏整合，科技基础条件保障能力不足等问题长期以来一直困扰和制约着成渝地区的科技创新发展。推动科技创新政策制度共享，构建区域科创政策一体化机制，共同营造科技创新环境，为成渝地区打造科技创新高地提供重要的支撑。

1. 完善新一代信息基础设施

打造高速、移动、安全、泛在的精品网络，促进与数据中心、物联网等数字基础设施协同布局，加强成渝两地对接，共同打造新型基础设施建设标杆，加强对区域工业创新发展的支撑。一是推动5G网络在成渝中线高铁等交通网络中的覆盖。二是加强5G与工业互联网领域的合作与对接。抓住"新基建"机遇，充分挖掘数据在民用、商用、政用等方面的潜力。以深度参与国家工业互联网标识解析体系为支点，结合川渝工业企业特点，在汽车制造、绿色石化、安全生产等重点领域打造5G+工业互联网的网络体系，跨地域、跨行业、跨平台、跨企业实现信息查询和共享，为制造业企业提供更多智能化创新应用服务，助力工业企业数字化转型和产业结构升级。

2. 打造高质量科技服务平台

加快建立区域共享的科技资源平台和人才服务平台。在重庆西永微电子产业园区与电子科技大学合作共建电子科技大学微电子产业技术研究院、重庆大学与内江市科学技术局合作设立产学研协同发展创新中心等的基础上，进一步支持高校、实验室、高新区等创新载体采取联盟方式推进创新合作，绘制线上线下相结合的科技创新资源地图，向社会开放共享科技资源。打造区域一体化的技术交易市场和服务平台联盟，推动科技成果双向转移。推动科技专家等高端人才共享、流动和集聚。尽快建立户口不迁、关系不转、身份互认、能进能出的科技人才柔性流动机制，加强引进和培育高层次人才。

依托职务科技成果使用权或长期使用权等改革试点，推动科技成果转化对接和产业化。推广成都的科技成果混合所有制改革经验，充分调动高校、院所、企业及科技人员的积极性，推动职务科技成果所有权向混合所有转变，给予科研人员一定的成果产权奖励，提升科技人员的积极性。

3. 加强科技创新资金保障

通过引导基金等方式，由政府、行业投资孵化有潜力的创新项目，与风险投资基金共同支持有发展前景的创新团队。充分发挥杠杆效应，积极探索科技创新券流通和科研资金跨省使用，提高创新创业生态环境水平。共建多元的区域科创投融资体系，打造西部地区高新技术产业融资中心。通过科技金融、政策创新、吸引风险投资等措施，保障创新的资金可持续投入，进一步提升科技创新改革的活力。推广成都在科技金融领域方面的创新经验，通过"科创贷"、"创业贷"、"科创保"、知识产权运营基金、知识产权质押融资和专利保险等方式，有效解决科技企业融资难题。借鉴"广东科技创新十二条"等经验，提出一系列突破性政策措施，如建立财政科研资金跨境使用机制、允许新型研发机构管理层和核心骨干持有运营公司的"大股"等。

三　建设"生态宜居、人文包容"的高品质城市群

（一）构筑天蓝地绿水净生态格局，推动绿色发展

党的十九大报告指出，以共抓大保护、不搞大开发为导向推动长江经济带发展。成渝地区位于长江经济带中上游，是长江经济带重要的生态屏障和水源涵养地。保障成渝地区双城经济圈的生态安全、加快绿色发展，对推动长江经济带建设具有重要意义。为此，《成渝地区双城经济圈建设规划纲要》提出要"筑牢长江上游生态屏障"的高标准。

1. 坚持"共抓大保护"，建立统一生态安全格局

首先，要保护好整个山水林田湖草生态系统，彰显"一江清水、两岸青山"。在全国生态功能区划中，成渝地区双城经济圈有 3 个重要生态服务功能区域，分别是三峡库区水源涵养重要区、岷山—邛崃山生物多样性保护重要区、秦巴山地水源涵养重要区，因此要重点从生物保护安全格局、水源涵养安全格局和土壤保持安全格局三个方面构建区域生态安全重要战略区，[①] 通过由水系廊道、交通沿线绿化

---

① 李咏红、香宝、袁兴中、刘孝富：《区域尺度景观生态安全格局构建——以成渝经济区为例》，《草地学报》2013 年第 1 期。

带、农林地等共同构筑的生态廊道形成多层次、网络化、城乡一体的区域生态安全格局。从空间布局上实现分级调控，进一步优化产业布局。

其次，要加大生态保护管控力度。依法治江、依规治江，建立负面清单准入制度，实现全流域的精细化管理。制定指标约束与检查监督机制，针对各类污染物制定严格的可定量评估的排放指标，并提出污染治理期限。为全流域精细化管理建立信息平台。不仅要实现政府层面经济、能源、环境规划"3E"一体化，还要推动企业成为绿色经济发展的主体，不断加强对先进治污技术的吸收能力、积极引进技术创新人才，逐步提高企业绿色技术创新能力，将环境规制的"挤出效应"转化为"创新效应"。

最后，要加大区域协同力度。发挥好成渝地区双城经济圈的协同作用，集中各种力量制定综合性解决方案。划清各流域管理机构、相关部门、各地政府的生态保护事权，明确生态补偿的范围、对象、方式、标准以及联防共治机制等，将各相关部门以及上下游各方的利益、责任、义务统一起来；根据长江经济带及支流流域情况，分级分类建立联席会议制度；加强联防联控和综合执法；针对上游地区环境监管能力不足、环保基础设施薄弱等问题，强化区域间资金和项目扶持，切实补齐流域生态环保问题"短板"。

2.坚持"不搞大开发"，统筹城市群绿色发展

"不搞大开发"，就是成渝地区双城经济圈要有序有度有限地开发建设，追求科学、绿色、可持续发展，在全国率先实现高质量发展。绿水青山就是金山银山，成渝地区双城经济圈独特的自然山水格局在生态保护的背后也蕴含着巨大的价值，特别是面向新经济的发展，依靠独特的地理奇观、人文历史、生态农业资源和生态环境

条件，构建起全域绿色发展的大格局。

以"绿"分区。成渝地区双城经济圈区域发展水平差异大，并且是西部人口集中区，对于人口流出地，宜进行生态环境整体保护，不以 GDP 论英雄，做足绿色发展文章，彰显生态优势，营造人与自然和谐共生的环境；对于人口流入地，发展绿色产业，提升环境品质，营造山水生态城市。

以"绿"串联。依托成渝地区双城经济圈山水相依、人缘相亲、交通相连、文化相近、客源互通的特点，推动巴山蜀水文旅融合发展，打造魅力旅游廊道。依托世界自然与文化遗产资源，打造精品旅游环线；组建红色文化旅游推广联盟，打造国家红色旅游示范带和研学精品线路；依托长江黄金水道和高铁，策划巴蜀风情旅游品牌线路。

（二）推广"公园城市"模式，塑造山水人城相融特色

2018 年 2 月，习近平总书记在四川成都天府新区视察时首次提出了建设"公园城市"的理念，强调要突出"公园城市"特点，把生态价值考虑进去。在 2020 年 1 月中央财经委员会第六次会议上，习近平总书记明确提出，"支持成都建设践行新发展理念的公园城市示范区"。2021 年《成都建设践行新发展理念的公园城市示范区总体方案》经国务院批复同意发布，明确将从国家层面支持成都开展示范区建设各项工作。成都作为"公园城市"的首提地、示范区，应率先探索山水人城和谐相融新实践和超大特大城市转型发展新路径。成渝地区双城经济圈巴山蜀水、风光秀丽，应基于"公园城市"在提升城市品质、塑造宜居环境方面的重要价值，在成渝地区双城经济圈全域范围内推广"公园城市"模式，走出一条城市群高质量发展新路径。

1. 统筹全域空间，建立城乡公园体系

在空间范围维度，成渝地区双城经济圈公园城市的建设，不应只是包括城市建成区范围之内各种类型的公园，而是要建立覆盖市域、服务各类人群的城乡公园体系。按照"300 米见绿、500 米见园"的控制要求，建设系统性、因地制宜、大小结合、均衡布局的公园城市体系，实现"蓝绿交织，山水林田城共融"。

2. 优化功能布局，协调人口分布与公园布局

在功能布局维度，应注重人口分布与公园布局相协调。大尺度公园未必是缓解高密度建设和增强健康的最佳策略。着手将城市本身建成"公园"，优化小块绿地、口袋公园的系统布局，有助于满足居住在高密度建成区域市民的健康和娱乐需求。

成都市郊野公园较多，但人口主要集中在主城区，缺乏充足的公共休憩空间，人口分布与公园布局存在一定程度的空间错位。人们只有到周末才能到郊野公园去休闲、游憩，这显然违背公园城市的建设初衷。借鉴新加坡的经验，在利用零散土地建设微绿空间的基础上，用绿道将散点串联成完整的绿网系统，与大尺度绿地连通，形成公园与开敞空间的有机融合，增强城区与公园绿地的可达性，实现公园分布的均衡布局，提升居民生活品质。

人地矛盾突出的重庆城市建成区域，因高密度建设所带来的城市空间与视觉景观的封闭感，容易导致人们心理上的压抑感，但受山地地形限制，很难形成具有一定规模的城市集中绿地或开放空间。应借鉴美国纽约、费城等城市的口袋公园建设经验，利用不同城市开发地块边界的剩余用地，建设遍布城市各个角落、数量众多的城市微型公园，不仅可以明显改善高密度建成区域生硬的城市面貌，而且可为生活在"水泥森林"中的人们提供一些不可多得的、就近使用的交流休闲空间。

专栏4-3：新加坡提高公园可达性案例

新加坡已建成337个新镇和社区公园，但大公园往往不靠近居住区，可达性有待提高，而土地正变得越来越昂贵和稀缺，客观条件不允许再将大片土地用于公园建设，于是新加坡优化利用排水道缓冲区及其他类似的低效用地建设公园连接绿道，降低了公众就近进入绿色空间的土地成本。

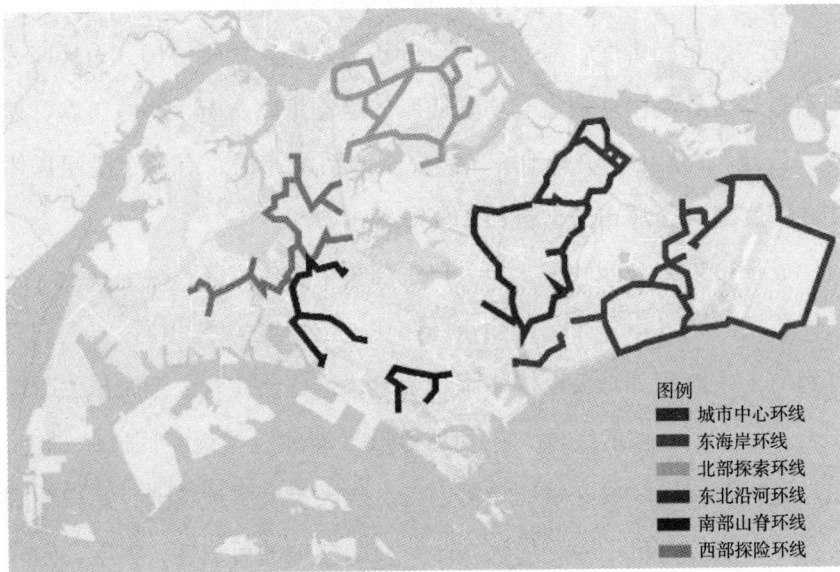

图例
■ 城市中心环线
■ 东海岸环线
■ 北部探索环线
■ 东北沿河环线
■ 南部山脊环线
■ 西部探险环线

图4-6　新加坡已建的公园连接道示意

资料来源：根据新加坡国家公园局地图改绘。

3.面向多元人群，突出"服务所有人"理念

在服务人群维度，要深入践行"人民城市"的理念，公园城市应服务所有人，服务面应覆盖所有年龄层次、收入水平、族群类型和地域空间等各类人群，增强公园城市功能等的包容性，让城市更有温度、生活更有质感。从"提供多样化服务"和"让人群更方便使用"

这两个角度来打造公园城市,使其达到提升居民生活品质的目标。例如根据不同年龄层次的人群需要,满足老年人、中青年、儿童对公园功能的特别要求。

4. 结合公共服务,强调生活场所营造

在公共服务维度,打造方便宜人的城市街区公园场景,让市民在生态中享受生活,在公园中享有服务。成渝大部分地区生活稳定而富足,传统休闲活动丰富多样,人们养成了"闲适静逸"的心态,如成都对于安逸生活和耍乐的热爱,甚至生出"少不入川,老不出蜀"的古语。公园城市需要加强对市民生活场所的营造,维系和加强"来了就不想走"的热爱生活的城市精神。在基本生活单元层面,以"公园+"为中心,围绕公园形成全龄化的公共服务设施中心,依托公园化的空间环境,打造15分钟公园社区生活圈;以绿道串联公共服务设施,围绕公园绿地加快居住、就业、出

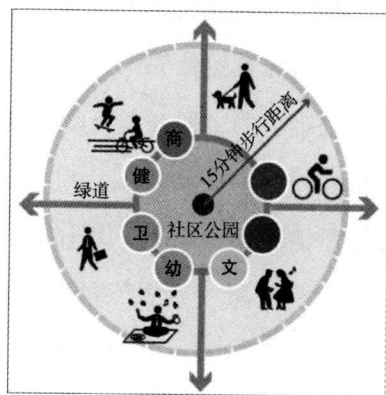

图 4-7　"公园+"社区生活圈

资料来源:周逸影、杨潇、李果等:《基于公园城市理念的公园社区规划方法探索——以成都交子公园社区规划为例》,《城乡规划》2019 年第 1 期。

行、游憩等方面的生活场所营建,形成便捷、宜人、绿色的基本生活单元。①

专栏 4-4:新加坡利用公园连接道营造生活场所案例

新加坡公园连接道就是重要的生活场所。公园连接道布置了自动售卖机、健身设备、避雨棚、夜间照明、公共厕所等便利设施,更与沿途餐饮场所、社区、写字楼紧密相连,青壮年选择经由绿道上班或就学;老年人易于抵达绿道散步或带儿童前往消遣;居民选择绿道作为工作之余健身娱乐、家庭活动、了解自然或定期聚会的场所;更有甚者,年轻人选择在绿道见证人生重要时刻——求婚,公园连接道实现了交通廊道与公共空间、生态场所与休闲场所的整合发展。

5. 提升景观风貌,塑造山水相融的整体形象

在景观风貌维度,打造绿意盎然的山水生态公园城市群场景,提升城市群整体形象,增强吸引力,提升美誉度。成渝地区双城经济圈大山大水特色鲜明,但在外来人口和游客心目中的形象还有待提升,核心问题还是缺乏亮点型的高品质空间。以山体、峡谷、森林、雪地和溪流等特色资源为载体,按照"生态保护区+特色城镇公园体系+美丽乡村"的模式,结合巴蜀文化、码头文化、红色文化等地域特色文化,重点塑造一批独具魅力的城乡景观空间,通过绿道串联,展示最具想象力的山水相融城市群风貌特色。

---

① 周逸影、杨潇、李果等:《基于公园城市理念的公园社区规划方法探索——以成都交子公园社区规划为例》,《城乡规划》2019 年第 1 期。

（三）加强公共服务共建共享，培育开放包容人文环境

1.强化公共服务一体化，构建人才协同发展格局

目前内陆地区人口回流趋势显现，成渝地区双城经济圈将是回流人口的主要承载地之一。根据百度统计数据，成都、重庆的人口吸引力分别在全国主要城市中排第 7 名、第 8 名，在中西部城市中居前列。作为人口的责任区和红利区，成渝两地应秉持整体思维，主动把双城经济圈作为一个整体来优化城乡服务，实现"吸引人、留住人"。

推动成渝地区公共服务一体化，实现人才生活一体化。在成渝地区双城经济圈的总体格局下，统筹协调公共资源布局，打破城市之间的行政阻碍，分层次、有重点地推进公共服务一体化。采取由点及面的措施，首先，在人口持续流入的成都和重庆中心城区，完善公共服务和基础设施，提高人口承载力，缓解"城市病"。其次，促进川南、南遂广、达万城镇密集区的公共就业、义务教育、社会保障、基本医疗、文化服务等一体化建设。[1] 此外，在成渝毗邻地区应在公共服务共建共享机制方面率先打造样板，共享公共服务项目清单，完善公共服务资源配置。在成渝地区公共服务建设上，不仅考虑常住人口，还应考虑流动人口，在更大范围、更大区域上进行共建共享。

构建乡村共享圈，均衡城乡设施配置。根据城乡不同的生活方式采取不同的设施配置取向，实现由城乡差距变成城乡差异。城市追求高效与多元，主导方向为前沿新派服务的集聚化、高效共享的人群服务。乡村追求舒适与单纯，主导方向为基本服务、个性社群化的专项服务。

---

[1] 李兴苏：《成渝城市群绿色发展满意度评价及实施路径研究》，重庆大学博士学位论文，2017。

城市	乡村

差异性服务：
时尚消费　共享服务
演艺展览
多功能运动场地

安静的社区
本地集市　休闲服务
个性化的服务

标准性设施：基础医疗、教育、卫生、文化、社会福利

基础设施三级体系

邻里——就近生活需求步行5分钟

社区生活圈——一般基本公共服务步行15分钟

组团——区域综合服务车行15分钟

村组——就近生活需求——村内获得

乡村共享圈——一般基本公共服务——镇内获得

镇——区域综合服务——县城获得

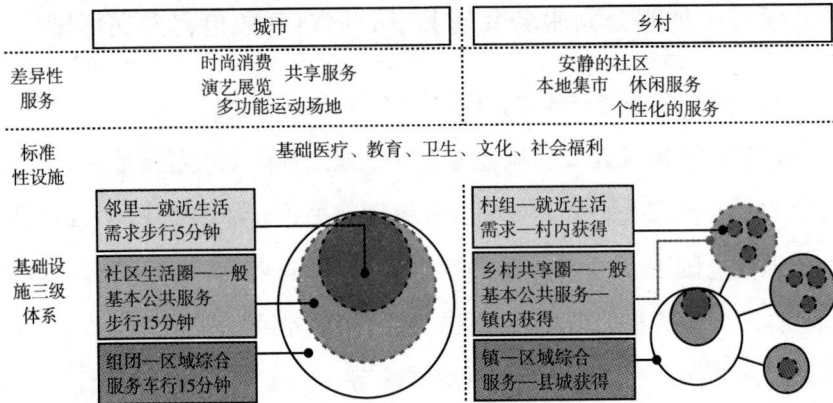

图 4-8　城乡设施配置体系

资料来源：中国城市规划设计研究院西部分院：《重庆大都市区一体化规划暨远景战略研究》（初步成果）。

营造更具吸引力的职住环境。对于像成都这样"追求极为人性化的生活节奏"的城市来说，目前的通勤时间已经位居全国前列，要更加注重提高公共交通通达度、缩短交通通勤时间。促进多中心布局，提升成都、重庆都市圈周边城镇的就业集聚度，为中小微企业提供宽松灵活的产业发展空间。打造配套完善、职住平衡的产业社区，促进居住和生活配套空间与通勤圈嵌套，实现"大城市、小尺度"的就业和生活半径，提升城市宜业宜居环境品质。完善住房保障制度，完善多主体供给、多渠道保障、租购并举的住房制度。土地供应与人口流动相匹配，在人口增长和房价高企的城市应增加土地供应；而在人口流出、住房库存居高不下的地区（尤其是小城市），应减少土地供应；对于人口负增长的城市，考虑减量发展规划。通过跨地区交易和再配置存量的建设用地指标，改善其使用和配置效率。

表 4-2　2021 年度百城通勤时耗榜

单位：分钟

排名	城市	年度平均通勤时耗
1	北京	47.60
2	上海	42.89
3	天津	42.45
4	重庆	41.18
5	广州	40.09
6	成都	39.00
7	大连	38.67
8	武汉	38.53
9	杭州	38.02
10	南京	37.86

资料来源：《2021 年度中国城市交通报告》。

2. 丰富文化空间和文化生活，提升城市群软实力

未来的城市发展价值和模式将发生深刻转变，城市进步不再仅以物质丰富性来衡量，而是城市的公平性、文化丰富性和个体自由度。"以人为本"是城市的核心，相对于 GDP、城市基础设施等硬实力，文化是城市的灵魂与魅力所在，是城市建设中不可或缺的一部分。世界文化名城论坛秘书长保罗·欧文斯认为，文化吸引人才，而人才的加入又能促进文化发展，如此形成良性循环，可以增强城市吸引力。

文化建设将成为全球城市化与区域发展的主流和大趋势，也应成为推进成渝地区双城经济圈高质量发展的重点。成渝地区是世界级自然和文化遗产汇聚地，道佛、诗酒、汉藏、巴蜀等多元文化交汇，历史和现代文化名人众多，文化资源丰富、形象独特，但其文化影响力远远低于文化价值，文化资源的转化创新不足，缺乏大型文化活动设施，文化大事件的规模和影响力不足，如成都美术馆和剧院的实现度不足 30%，国际节庆活动实现度不足 30%，重庆的文化活动数量更是远低于其他一线、新一线城市。

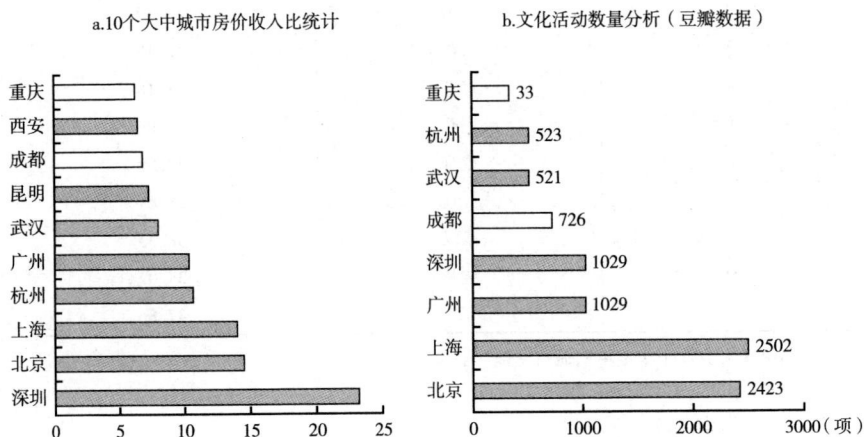

a.10个大中城市房价收入比统计　　　　b.文化活动数量分析（豆瓣数据）

图 4-9　重庆与成都的房价收入比与文化活动数量

资料来源：中国城市规划设计研究院西部分院：《重庆大都市区一体化规划暨远景战略研究》（初步成果）。

加强历史文化资源保护利用，创造具有多重魅力的文化空间，增强居民的归属感。围绕丰富的历史文化资源，精心打造一批彰显成渝地区历史文化和特色的艺术精品，塑造双城经济圈文化品牌，提升成渝地区文化软实力和影响力。

提高公共文化设施建设标准，打造具有地方特色的公共博物馆、美术馆、体育馆、图书馆、基层文化活动中心，提升公共文化服务的能力和水平。

举办国际文化活动，打造世界文化名城。《成渝地区双城经济圈建设规划纲要》明确要求成渝两地共建"一带一路"对外交往中心。成都、重庆应依托"一带一路"建设、自贸试验区建设框架，深化与世界各城市在文化科技、体育休闲、旅游商贸、艺术设计等多领域的合作，共同搭建对外文化交流平台，打造国家文化出口基地，助推川渝文化"走出去"。

加强区域文化共融共通，共建巴蜀文化旅游走廊。巴蜀文化在"一带一路"建设特别是"南方丝绸之路"建设中具有特殊的历史地位，规划纲要提出要共建巴蜀文化旅游走廊，讲好巴蜀故事，打造国际范儿、中国味、巴蜀韵的世界级休闲旅游胜地。建设好巴蜀文化旅游走廊，两地要形成共建共享体制机制，共建一体化旅游交通网络，共推公共服务便利共享，共塑巴蜀文化旅游走廊品牌形象。

形成包容开放的文化环境。良好的人文环境是提升城市对人才的吸引力的重要影响因素。良好的人文环境具有较强的包容能力，对外来人口保持开放的心态，让人才能够毫无后顾之忧地发挥自身才能。众多外地知名媒体评论和权威调查机构的数据表明，成都具有最佳的包容性与和谐的人情味，还有城市整体焕发出的乐观向上精神。世界创意经济之父约翰·霍金斯表示，"成都兼具历史文化、传统生活方式和现代化发展。正因如此，我每次到访成都都是一次愉悦的经历。成都有一种内秀的力量，代表着中国的至善至美"。很多高层次人才都被成都的人文特色所吸引。借鉴成都经验，应聚合提升成渝地区双城经济圈的文化软实力，提炼体现成渝地区双城经济圈的人文精神特征，将巴山蜀水刚柔相济、乐观包容、宽厚开放、豁达热情等特点弘扬光大，成为彰显成渝地区双城经济圈魅力的一面旗帜，并贯穿于全领域、全方面、全过程，增强文化价值认同感、归属感，以本土魅力文化宣传来"留住人"，以开放包容文化氛围来"留住人"。

3. 完善高品质消费服务和提升型设施，满足美好生活需求

现阶段中产人口增加，带来更加高端化、个性化服务和体验性消费，人才选择居住工作地时也不仅仅是考虑住房、政策、物价等显性成本，也会考虑城市环境、高品质消费、高端医疗服务等隐性成本。

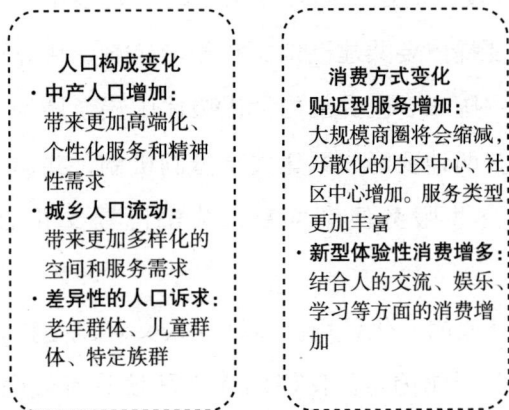

图 4-10　人口构成变化与消费方式变化

资料来源：中国城市规划设计研究院西部分院：《重庆大都市区一体化规划暨远景战略研究》（初步成果）。

图 4-11　人才考量居住地的显性成本和隐性成本

资料来源：中国城市规划设计研究院西部分院：《重庆大都市区一体化规划暨远景战略研究》（初步成果）。

对于拥有"生活城市"头衔的成都和生活气息浓郁的重庆而言，如何基于中国近三成人口所在的整个西南地区，全面提升消费能级，

拉动内需，促进"国内大循环为主体"格局的实现，是其所肩负的重要责任与面临的重大机遇。成渝地区已进入消费增长的快车道，四川省 2018 年高端食品、美妆产品、智能家居用品网上消费的增长率达到 25%，从皮包、腕表等奢侈品消费数据来看，成都部分指标超过广州、深圳，仅次于北京、上海。然而，成渝地区服务能级尚未跟上人群日益增长的美好生活需要。从成渝两市公共服务设施的覆盖面积来看，成渝双城设施"种类多、数量大"的区域面积占比均未超过 30%（见图 4-12），占比均较低。尤其是进一步区分"基本设施"（餐饮、便利店、幼儿园、药店等）和"提升设施"（影剧院、商场、运动场馆、博物馆等）来看，成渝双城"提升设施"中高齐备度区域占比均未超过 20%（见图 4-13），有待进一步提升。

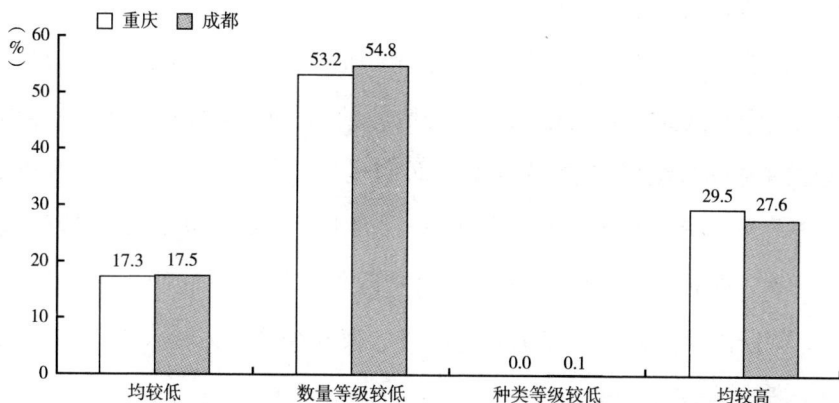

图 4-12　成渝两市服务设施"种类—数量"覆盖面积统计

资料来源：中国城市规划设计研究院西部分院：《成渝地区双城经济圈——高质量发展下的生活宜居水平研究》。

成渝地区在基本公共服务均等化的基础上，借助建设成渝地区双城经济圈的契机，应注重城市服务能级的提升，满足日益增长的时尚型、体验型、品质型消费需求，使得城乡居民和国内外人士各得其

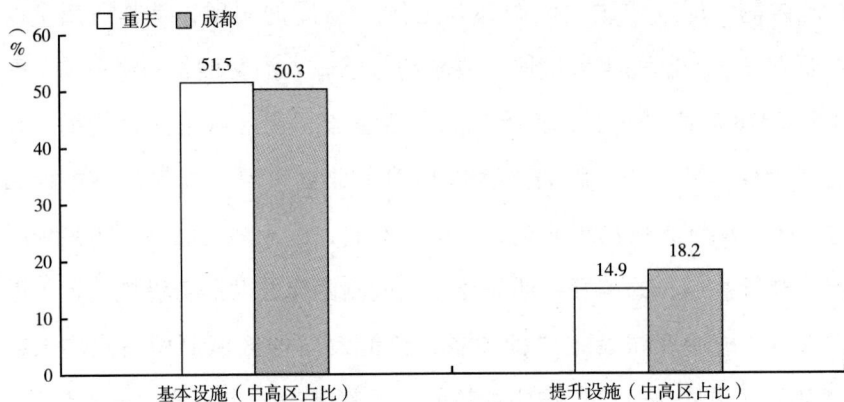

图 4-13　成渝两市服务设施齐备度分类分级统计

资料来源：中国城市规划设计研究院西部分院：《成渝地区双城经济圈——高质量发展下的生活宜居水平研究》。

所、乐享高品质宜居生活。

联手打造国际消费目的地，支持区域消费中心城市建设。川渝两地共同印发《建设富有巴蜀特色的国际消费目的地实施方案》，提出成渝两地基本建成"立足西南、面向全国、辐射全球，品质高端、功能完善、特色突出"的国际消费目的地。借此契机，成渝地区应围绕消费提质升级，培育中高端消费载体，打造高能级新型消费商圈。创新消费业态，如发展首店经济、夜间经济、体验式消费、社区消费新场景等。

提高成都、重庆两市商圈潮购、特色街区、体育健康、度假游憩、文艺品鉴、社区生活等服务设施的品质，提升高水平商业配套的覆盖度和密度。

创造一批引领生活时尚的消费品牌，培育一批国家级示范商圈和"老字号"特色街区，跨区域联合举办美食文化节、火锅文化月、特色农产品欢乐购等大型活动。

创新发展生活型服务业，与成渝地区的丰富市井精神和人文生活相结合。小型商业设施与居民生活息息相关，例如成都的茶馆，是休闲和社会活动的重要场所，应当放宽自上而下对小型商业的规划管理，通过散点式小型商业公共服务设施的弹性布局，允许和支持自下而上对城市形态和业态的修正，在整体上营造和展现成渝地区休闲怡情的人文精神。

（四）激活乡村价值，推动城乡互促融合

成渝地区双城经济圈整体城镇化水平低，成都和重庆两个超大城市的辐射区内农村量大面广，城乡差距大，城乡二元结构矛盾突出。借助双城经济圈建设机遇，成渝地区应进一步深化乡村振兴、推动城乡融合，激活新的经济增长点。

1. 研究行政区划调整，推动双城经济圈管理网络化

创新网络化管理模式。成渝地区乡镇众多、密度较大，而城镇的规模偏小，带动乡村能力较弱。要改变"小马拉大车"的现状，就要探索通过行政区划的调整，把一般乡镇就近并入重点镇，同时扩大重点镇的事权，赋予其县级管理权限。合村并镇有利于增大重点镇的辐射范围，改变量大面广的乡镇分散发展格局，构筑成渝地区双城经济圈网络化治理格局。

2. 统筹城乡公共资源配置，增设特色化服务设施

因地制宜统筹城乡公共资源配置。成渝两市在整个川渝地区城乡统筹发展方面取得的成效非常突出。但大部分城镇还处在整体经济实力较弱、非均衡发展、城乡二元化加剧的阶段，成渝两市的城乡统筹进程对于周边其他城市的带动能力有限。公共资源配置不能过分强调平均分配，应改变传统的按照城镇等级和规模配置资源的

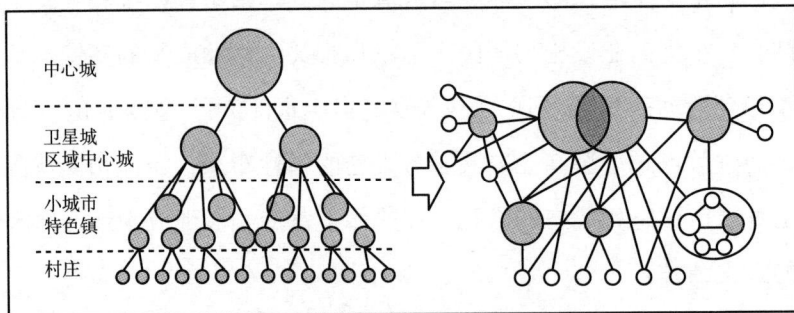

图 4-14　网络化治理结构示意

资料来源：何为、吕斌、胡滨等：《网络城市：内涵、特征与发育度综合评价——以成都市为例》，《城市规划》2018 年第 5 期。

模式，重点把资源投放在发展条件优良和有潜力的网络节点上。对于承担国际化和区域功能的镇，应加大土地、财政等要素投放力度，加强市级医疗、教育等优质公共服务资源定向延伸。而对于其他地区，应重点促进农村人口向大城市、都市圈的流动，实现人均意义上的均衡。

此外，考虑到乡村居民的生活需求随着时代的进步而变化，配置的公共服务设施也应该更为丰富多样，有针对性地增设养老托幼等社区类服务设施，书店、农民职业中心等文化培训类设施。如成都市的战旗村根据本村村民及周边行政村居民的生活需求，配建了医院、幼儿园、小学等服务设施，并设置便民服务中心、居家养老、幼儿托管、金融、卫生等服务站点，方便村民在村内生活、办理各项业务。[①]

---

① 郑玉梁、李竹颖、杨潇：《公园城市理念下的城乡融合发展单元发展路径研究——以成都市为例》，《城乡规划》2019 年第 1 期。

3.激活乡村价值，融入双城经济圈功能网络

推动乡村地区融入核心功能网络，从网络末端变为网络节点。

一是利用特色农业资源、生态资源发展文化旅游功能。围绕川渝田园特色，植入文创、科技研发、休闲养老等业态，推动农商文体旅融合发展。培育精品民宿、旅游特色村和田园综合体等文化旅游功能载体。

二是借鉴成都美丽乡村塑造经验，打造美丽乡村精品网络。把乡村绿道和川西林盘建设作为乡村振兴的关键举措，打造旅游精品线路，串联特色镇村，通过区域共建共享、统筹资源要素、统筹功能定位，实现成片连线发展，形成合力。

四　建立"陆海联动、东西互济"的内陆开放新高地

（一）拓展以"陆海新通道"为主体的对外开放大动脉

陆海新通道作为国家强力推进的中长期战略，要打造的不仅是一条西部地区最便捷的出海物流大通道，更是一条产业合作带、经贸合作带和开放合作带。通过进一步加强我国西部与东盟的合作，陆海新通道将我国西部与东盟两个极具经济增长潜力的区域连接起来，一方面为我国西部地区拓展外向型经济发展的新空间；另一方面也是更重要的，将以物流通道为引擎，推动国内省级之间合作更为密切，形成新的区域经济合作及开放模式，助力西部大开发新格局的形成。

成都和重庆是陆海新通道的关键性枢纽，新通道建设对成渝地区的影响不言而喻。《西部陆海新通道总体规划》提出未来要建设成

都—泸州（宜宾）—百色—北部湾出海口的新通道，与重庆通道共同形成西部陆海新通道的主通道，从国家战略上与成渝地区双城经济圈战略一脉相承。成都对消费市场的把握，重庆对科技成果转化的能力，城市群内其他城市在电子信息、能源等领域的发展等都可以被陆海新通道带活，进而推动成渝地区建设世界级汽车制造中心、电子信息生态链和文化创意先行区。依托陆海新通道建设，成渝地区应努力打造为我国对外开放的西部桥头堡，带动区域陆海联动开放，为中国经济提供新的动力源。

1. 增强通道和枢纽平台的服务能力

以陆海新通道上升为国家战略为重要契机，扫清成渝之间和部门之间的协作发展障碍，统筹区域基础条件和未来发展需要。特别要关注铁海联运能力的提升、全球网络的拓展、通道贸易的发展、通道金融服务产品的多元化以及通道基础设施的建设推进等核心议题，持续升级铁水公空的通道网络，提升通道运营和枢纽物流效率。

目前陆海新通道的发展瓶颈仍然突出，如集装箱数量有限、港口集疏运能力偏弱等问题依然存在。此外，管理体制不顺畅，法律服务、保险服务等一系列配套性服务不够完善，导致配套服务短板尤为突出。另外，货源不足以及新市场培育不足等瓶颈亦较为棘手[①]。通过强化通道物流和运营组织中心的建设，能充分发挥重庆作为"一带一路"和长江经济带交汇点的区位优势，以及发挥成都作为国家重要商贸物流中心的作用，引领带动通道发展，将重庆和成都建设成为"一带一路"和长江经济带国际物流大通道上的国家级区域物流节点城市和重要集散地。

---

① 岳阳：《西部陆海新通道交通运输系统发展策略研究》，《城市交通》2020 年第 3 期。

充分借助互联网及大数据等信息技术，实现对信息及数据等要素资源的充分挖掘，强化枢纽平台的信息网络和信息流，推动平台由运输中心向组织中心转型。通过产业创新平台和基础设施平台，采取以聚流为目的的发展模式，提升资源要素配置的效率与能力。通过打造多式联运枢纽，推动各类枢纽间的设施衔接、组织匹配和信息对接。通过强化内地与沿海及延边口岸的协作，形成"大通关"综合服务体系，达到提升全要素流通能力的目标。同时要以枢纽平台建设引领枢纽城市建设与发展，促进枢纽优势向综合发展优势转化。

注重物流贸易人才培养和引进，学习积累其他地区先进管理经验。打造枢纽运营服务聚集区，汇集航运机构、业界专家、航运信息等高端运营要素。将航运等相关人才的培养和引进放在首位，设立"新通道人才清单"，做好重点人才引进，完善和升级相关人才政策。在国际金融、海事金融、贸易融资、财富管理等方面深入学习新加坡等新通道沿岸地区的先进经验，为探索陆海物流贸易规则创新做好经验储备。

2. 探索内外兼顾的省级协调机制

构建"自上而下、内外兼顾"的统筹协调机制。由中央出面设立省级统筹协调机构，联合相关部门、各省区市、重点企业，构建常态化沟通机制和项目协调机制，强化海关边防的规则统一、物流枢纽的通关协作、经贸规则的对接优化，打造"陆海新通道"利益共同体。同时陆海新通道建设，可成为化解当前我国与东盟合作中出现的"多头并进、欠缺协调"、省市同质化竞争、比较优势难以发挥等问题的重要抓手，促进未来中国与东盟关系升级。

牵头建立省级协商合作机制，共同解决区域合作相关事宜。为了更好地应对各地在补贴方面出现的无序竞争，维护陆海新通道上的正常市场秩序，减轻由出境物流补贴无序竞争带来的各地财政负担，目前亟须由成都或重庆牵头，做好省内各地补贴的统筹协调工作，优化补贴程序、补贴形式、执行监管、绩效核算，并设计好补贴政策的逐渐退出机制。此外，还可以通过陆海新通道区域合作协调会，统筹协调规划对接、战略协同、专题合作和市场统筹等工作。重点是依托新通道，将物流、基础设施等方面的"硬联结"扩展到数据、金融等领域的"软联结"，特别是积极做好与创新要素的"联结"。

3. 推动通道贸易规则化和品牌化

推动内陆贸易规则的创新和标准的制定。推动陆海新通道标准体系的建立，使得投资者和贸易伙伴在陆海新通道沿线任何地方都能看到一样的形象标识、体验一样的服务水准、面对一样的权益保护程序等。形成有远见、可操作性强的标准是对西部地区、全国乃至全世界贡献的重要的公共产品，能为我国和世界的商事规则创新做出重大贡献。例如，重庆推动的《国际货运代理铁路联运作业规范》已向国家标准委报批，重庆自贸区还将进一步创新铁路单证及其配套规则，推动形成陆上贸易法律问题裁判规则。除了法律和机制等外，技术类规则也很重要。应尽快落实《西部陆海新通道总体规划》提出的"加快研发 45 英尺等铁路宽体集装箱"等设想，努力健全陆上集装箱技术标准体系，探索在中国至东南亚的国际铁路联运中应用。

联合探索陆上贸易规则和国际磋商机制。注重对陆上贸易规则和国际磋商机制研究人才的引进与培养，尤其是涉及东南亚政治经济和社会、法律研究的人才。重点研究东南亚地区消费者喜好和市场环境，有利于扎实开拓东南亚市场，以及降低多方合作的风险和成本。此外，注重各企业的经验交流，共享更多的商机。

实施西部陆海新通道品牌化战略。参照中关村 50 指数的做法，与证交所和西部各省区市合作研究编制"陆海新通道指数",结合实际,形成独特且开放式的指标体系,用以体现陆海新通道相关企业整体运行特点,并借此提高"陆海新通道"在全球资本市场的认知度及关注度。与此同时,邀请国内外知名的品牌资产研究机构,基于该指数发布陆海新通道发展的系列量化报告,并定期测评陆海新通道的品牌资产和运营质量。参照整合营销传播的做法,加强对国际物流品牌的顶层设计,旗下设立长江水道、中欧班列、渝黔桂新等子品牌,形成西部陆海新通道品牌体系。

(二)推动外向型产业转型,加快融入全球分工体系

推进外向型产业结构进一步转型升级。一是推动特色优势产业与战略性新兴产业发展,抢先占领创新链、供应链、价值链等制高点。完善创新驱动发展体制机制,构建城市综合创新生态系统,推动"成渝制造"向"成渝智造"转型升级。深度参与全球产业分工协作,培育一批成渝本土企业集团和跨国公司。二是深挖成都与重庆"首位城市"的龙头作用,构建"层次分明、优势突出、生态高效"的现代产业体系,打造中国经济核心增长的第四极。对外要以承接优质产业转移、引进优质投资为重点,对内要以优化产业结构和布局为核心,推动成渝区域经济形成"雁群联飞"态势。

加大统筹制造业和服务业双开放力度。加快推进成都与重庆国家区域性服务业核心城市建设。重点从金融市场建设、金融机构集聚、金融业务创新、金融人才集聚以及国际金融开放五个方面打造西部金融中心,大力发展基于移动互联网、大数据、云计算、物联网等新技术、新模式、新业态的信息技术服务,推进电子商务示范市建设,加强综合性实时动态信息平台以及物流口岸大通关建设,加快成都全国

性物流节点城市的物流业服务发展，大力发展商务会展、资产评估、会计审计、法律咨询等商务服务业。

坚持"走出去"与"引进来"相结合。要重点培育、扶持成渝优势产业"走出去"，编制产业指导目录或国别投资指南，以此强化产业、企业、产品、技术、标准等方面的国际融合，从而助力企业更好地融入国际分工体系。以"走出去"的理念，主动整合国际资源，支持鼓励规模较大、竞争实力较强的本土企业到海外投资建厂、设立分支机构、兼并收购国外企业，以及利用股权投资方式投资海外企业，通过主动整合国际市场的资金、人才、技术等资源，消除国际贸易壁垒和减少供应链风险。此外，要提高外资的利用水平以及转变外资利用方式，着眼于引进国外先进的技术、人才和管理经验，实现现有产业结构的优化升级。在此基础上，也要重视国际高端人才的引进和储备，力争吸纳和留住一批具有国际视野、熟悉国际惯例、善于进行国际交流能促进国际合作的高素质人才。

重点突破跨境金融服务的高层次开放。推进跨境金融机构合作，积极有效利用国外贷款，支持符合相关条件的项目使用国际商业贷款。鼓励境内金融机构使用人民币开展对外贷款、投资和援助。推动贸易投资便利化和境内外资金融通，积极推动有关跨国集团开展人民币、外汇双向资金池业务以及经常项下人民币集中收付业务。推动跨境电子商务外汇支付业务，开展跨境电子商务人民币结算业务。

（三）引导跨区域开放协同，推动区域市场融合

1. 创新国内国外多层次区域合作机制

创新多层次区域合作机制。推动大区域合作框架构建，加强区域内、区域间和国际三者的经贸合作。加快推进成都与重庆之间的区域

经济合作，要在"成都—西安""成都—兰州""重庆—兰州""重庆—西安"高速铁路和高速公路建设的基础上，深化成都与西安及兰州等城市的区域合作，通过建立省级跨区域合作机制，促进西南、西北两大经济区协调发展。此外，成渝还应与贵阳经济区和昆明经济区加强合作，与西安、兰州、昆明、贵阳等城市构建中国西部的多层次经济合作框架，形成多边的经济合作体系。

构建双边、多边的新型合作平台。充分利用中国与沿线国家已建成的双多边合作机制，在互惠互利的基础上增进与沿线国家的经贸交流与合作。加强与上海建立多边合作机制，推动成渝与俄罗斯、哈萨克斯坦等国的合作；也可加强与中国—东盟自贸区、亚太经合组织、大湄公河次区域的多边合作机制建设，有助于推动成渝与东盟各国开展合作；还可通过中阿合作论坛、中国—海合会战略对话，构建成渝与沿线阿拉伯国家的合作平台。

2. 推动与发达地区开展全方位开放合作

加强与沿海港口群合作，增强新通道综合运力。加强与大湾区合作，开拓综合运力新通道。粤港澳大湾区拥有全球集装箱吞吐量排名前列的港口，也是目前西部地区货物进入东盟、南亚、欧洲、非洲、澳洲等区域的主要贸易中转站，距离更是仅次于北部湾的出海口，其全球航运辐射能力非常强，航线方面也可以有效解决北部湾港口偏少的问题。此外，重庆至深圳的铁海联运班列以及"渝遂班列"的启用也强化了陆海新通道与大湾区港口的合作。"陆海新通道"的第三个国际货运集散中心落户于香港，香港港口物流平台也将成为西部地区"陆海新通道"的便捷出海口及货物集散中心。

借力发达地区外向型专业服务优势，对接区域外多元商机。借鉴香港与深圳在此方面的发展经验，一方面充分挖掘自身金融优势，构建"陆海新通道"的新资金融通平台；另一方面凭借专业服务能力，在会计、担保、保险、法律、咨询等方面，为"陆海新通道"建设提供高水平、多元化的商业金融服务支持。积极对接沿海发达地区，不仅为西部地区提供了更加便捷高效的出海通道，还将"陆海新通道"打造为外向型企业走向中亚、欧洲的桥梁。

（四）加强要素保障能力，构建开放经济新体制

优化开放型经济发展环境。推动各级政府加快向服务型与法治型转变，构建进出自由、公平竞争的市场环境。加快破解民资和外资在市场准入、审批管制、融资环境、服务体系等方面的制度障碍，提供开放、透明、可预期的制度环境，从而降低社会交易的成本。

推动国际贸易投资的改革探索。鼓励各地积极申请内陆自贸区，通过加大体制机制改革、财政金融、进出口通关等方面的支持力度，探索创新投资贸易模式，力争将成渝地区打造为"一带一路"的投资贸易试验区。鼓励企业积极对接新通道沿线国家的建设和发展需要，通过贸易和投资有机结合，将电子机械、节能环保设备以及轨道交通装备等出口需要转化为在其境内的投资，从而拓展与东南亚和南亚地区的经贸合作。此外，还要完善我国与亚太经合组织，以及俄罗斯、德国、法国、捷克、以色列等国的多边和双边合作机制及政策，进一步吸引高端人才，提升企业参与"一带一路"建设的质量和水平。

打破要素流动体制壁垒，构建开放要素交易平台。推动科技成果处置权、收益权和所有权的改革探索，支持鼓励科学技术直面市场，能够顺利进入产业体系和市场环节。推动科技成果展示、项目发布、

技术交易、科技服务等功能板块的交易平台建设，打造对应的互联网平台，提供技术交易、设备共享、政策服务、交流合作等内容的交易服务。加大国家重大科研基础设施和专利基础信息资源面向社会开放的力度，进一步解决仪器资源"碎片化"和"分散化"问题，将服务对象尽可能扩大至"一带一路"的沿线地区。

五　完善"市场主导、政府引导"的区域协同治理机制

（一）提升中央统筹协调力度，为成渝协作赋能

1. 升级区域协调组织规格，强化成渝合作的高层背书

由中央政府部署组建区域协调常设机构，建立完善的沟通联络机制，为打造区域协作的高水平样板提供体制保障。当前，根据《推动成渝地区双城经济圈建设工作机制》，工作机制由四川重庆党政联席会议（"党政联席会议"）、四川重庆常务副省（市）长协调会议（"协调会议"）、成渝地区双城经济圈建设联合办公室（"联合办公室"）、专项合作工作组（"专项工作组"）组成，四级推进机构皆停留在省级协调层次。下一步，应借鉴京津冀、长三角等地区合作机构层级安排，[①] 提升区域合作办公室规格，争取由中央政府出面组建工作组，在政策实施、体制创新、项目建设等方面给予指导和支持，协调解决成渝地区双城经济圈发展中遇到的两地自身难以解决的困难

---

① 京津冀协同发展领导小组由国务院成立，国务院常务副总理任组长。长三角一体化区域合作办公室为常驻合署办公的形式，由上海、浙江、江苏、安徽三省一市联合组建而成。

和问题。以四川、重庆两省主要领导和部门主要负责人为小组成员，推动常驻合署办公，联合编制重大区域协调文件，就区域重大问题和项目进行及时有效的沟通对接。成渝地区内部的地市级协调领导小组由省级政府出面组建，以地市主要领导和部门主要负责人为成员。同时，为区域协调机构提供充足的资金和财政支持，强化协调机构的实施抓手。例如，组织建立区域一体化投资引导基金，发挥杠杆作用募集多元资金，直接投资于需要区域协同的基础设施建设项目、环境保护项目等。

2. 合力向上争取改革权限，寻求协作机制的突破性创新

成渝两地主动争取国家有关部门支持，获得先行先试权限，消除单个城市无法解决的体制机制障碍，并推动一批改革方案尽快落地实施。特别是要立足于成渝地区已有的改革基础，从区域协同改革创新角度继续深入探索。其一，探索跨区域统筹土地指标、盘活空间资源的土地管理机制。在全国统筹城乡综合改革配套试验区改革创新的基础上，两地应以土地等关键性要素的跨区域市场化流动为目标，积极探索建立建设用地、补充耕地指标跨区域交易机制，建立建设用地指标市场化调剂和有偿使用平台，鼓励项目建设用地指标跨省域调剂。其二，探索促进各类要素跨区域自由流动的制度安排。以劳动力要素为例，应在既有积分落户政策的基础上，探索推动成渝双城都市圈的户籍准入年限累计互认。促进两地人才开发政策协调、制度衔接、服务贯通，推动"重庆英才卡"与四川"天府英才卡"等人才资质的对等互认与共享。

3. 争取国家级项目支持，将顶层设计与基层创造性相结合

共同争取国家部门的项目和预算支持，抓住疫情后扩大有效投资的时间窗口，加紧谋划实施一批引领性、带动性和标志性的重大基础

设施、重大产业、开放合作项目、重大公共服务项目，特别是包括智能化数字基础设施、重大科技基础设施在内的全局性"新基建"工程，争取将更多项目纳入国家规划。争取更多中央项目下沉。以成渝合力打造科技创新中心为例，应主动对接国家资源，梳理一批双城经济圈科创中心建设的重大项目和政策需求，用好国家自然科学基金区域创新发展联合基金等科技资源，全力争取国家级科研院所在成渝布局或参与建设国家实验室，或选派国内高端人才到双城经济圈引领建设国家实验室、大科学装置、高等学校和研究机构。以国家级重点科技项目和科技平台为引领，带动全球领先的科技创新型企业落户成渝。①

（二）重视市场机制作用，为民间合作做好服务

1. 着眼于高端要素自由流动，构建成渝"创新共同体"

在成渝企业自发的技术和供应链合作的基础上，通过政府间合作，搭建区域级创新资源共享平台，推动更广泛的产业链互动，实现区域科技创新资源的互联互通。一是加大两江新区、成都科学城等创新平台载体之间的协同创新力度，围绕科研仪器、科技平台、科技成果、科技人才及科学数据等实施科技资源共享，加强双方在创新资源、创新体制、创新政策等方面的合作，共同建设西部科技创新中心。二是大力培育区域统一的商品市场、劳动力市场、资金市场、技术市场等，搭建高端要素交易平台。三是对于优质技术人才等创新"元要素"，进一步突破户籍、土地等体制屏障，允许其在区域间自

---

① 案例：贵阳以国家级项目助推"中国数谷"建设。国内首个大数据交易所在贵阳挂牌运营、全国第一个大数据战略重点实验室在贵阳建成、全国第一个国家旅游数据（灾备）中心落户贵阳。在重大国家级项目的带动下，华为、腾讯等企业的大数据中心落地贵阳，苹果公司宣布将在贵阳建立其在中国的第一个数据中心，助推贵阳成为"中国数谷"。

由流动，通过人才的集聚和互动催生成渝创新原动力，助力打造带动全国经济高质量发展的重要增长极和新的动力源。

2. 打造第三方"区域大脑"，为企业投资提供宏观指南

一是借助区域级的第三方研究机构或智库，定期发布客观中立的成渝研究报告。绘制产业和创新资源地图，摸清成渝产业家底，深入研究各个地区未来适合哪些产业，为产业投资指明方向。二是对市场容量进行准确分析和预测，评估区域内现有生产与供应能力，为企业和政府的投资决策提供参考，避免同类项目进行重复建设或盲目扩大生产规模，提高总体投资效益。

3. 推动政府服务的品质革新，吸引全球创新要素集聚

在当前由成本抬升和经贸摩擦导致产业链向国外流失的情势之下，成渝有责任改变"一亩三分地"思维，共同优化产业发展环境，拓展市场空间，凭借资源禀赋优势、公共服务品质和良好的市场环境吸引更多的产业特别是高端制造业进驻，优化和稳定产业链供应链，共建支撑国内循环的区域大市场，构建国内国际经济双循环相互促进的新发展格局。一是以服务型政府为目标，加快行政管理体制改革，提供具有竞争力的商务运行成本。二是打造国际化营商环境。引入国际通用的行业规范和管理标准，建设竞争、高效、规范的市场秩序，形成各种类型企业都能平等参与市场竞争的发展环境。三是提升城市社会文化的包容度和开放度，提升城市文化品位和环境品质，为多元人群提供有魅力的生活和居住环境。

（三）创新政府间合作方式，强化成渝协作的体制保障

当前，成渝地区应立足于良好的创新协作基础，持续做好畅通区域间创新资源流动的平台支撑建设，打造具有全国影响力的科技创新中心。

1. 从"软环境共建"入手，做大共同利益

牢固树立"一盘棋"思想和一体化发展理念，关注需要双方合作才能完成的"共同利益目标"，增强双方合作的内生动力。一是共同打造区域品牌形象，共同建设高标准市场体系。以产业联盟等形式共同建立一套高质量的质量标准体系和服务标准体系，对标"德国制造""日本制造"，让"成渝"为地域产品的品质进行背书。二是共同形成信用监督体系。明确区域内企业发展和知识产权信息公开机制，实行守信联合激励、失信联合惩戒、信用"红黑名单"共享互认，优化区域整体的营商环境。三是共同争取改革权限。2007 年成渝两市就曾联合申报"城乡统筹综合改革配套试验区"。以区域联合体的形式，借助"区域协作"的平台，争取更大的话语权。所有有助于区域发展的政策创新甚至改革突破（如户籍、土地等方面）都可纳入"区域协作"框架。

2. 控制合作风险，加强成渝合作的制度约束

一是创新政绩考核制度。突出考核"指挥棒"的作用，在考核体系中纳入反映成渝一体化程度的各项指标，如能够反映市场统一性、要素同质性、制度一致性、经济关联性等的一系列指标。二是探索要素跨行政区流动的利益补偿机制。考虑到不论是企业和项目的转移，还是人才和技术的流动，在短期都会对迁出地的财政等方面带来一定的损失，针对转出地和转入地的利益冲突，探索新型利益补偿机制，如考虑设定一定缓冲年限，在转移后若干年内实行跨地区税收分成，并从政策层面研究制定 GDP 指标分解的具体细则，或从国家层面探索跨行政区要素迁移的税收分配机制。对于科技专利等非实体要素，设计公平合理的区域技术转移体系，依据价值商定技术产权比例，以股权合作等方式建立收益分配机制。三是创新干部任用制度。

探索成渝区域内部的干部轮替制度，通过干部在城市间的流动，促进政府间互利互信。

3. 从川渝毗邻地区合作寻找突破

立足于川渝毗邻地区已有的市场化合作基础，通过引入省级统筹协调机制，进一步突破跨行政区协作的体制障碍，并积累合作的示范性经验。重点总结推广川渝合作广安片区、潼南片区示范经验，推动布局万州—达州—开州、遂宁—潼南等一批毗邻地区合作示范。借鉴长三角一体化发展示范区等地的先进经验，在毗邻合作区率先探索税收收入分享、改革红利共享、公共事务投资共担等新型合作模式，例如实行由迁入地区和迁出地区按50%∶50%分享。迁出地和迁入地政府可以协商分享的期限和上限，确保双方利益，将双方税收收入用于示范区公共事务等。通过财税分享改革促进优质资源的跨行政区转移，整合毗邻地区的相对优势资源，发挥各地区的比较优势，提高资源的利用效率和整体竞争力。

（四）探索经济区与行政区适度分离改革

2022年2月28日，四川省委副书记、省长黄强主持召开省政府第98次常务会议，研究部署成渝地区双城经济圈经济区与行政区适度分离改革的相关工作。会议审议通过了《成渝地区双城经济圈经济区与行政区适度分离改革方案》，明确提出要建立重大事项一体推进机制、完善要素市场化配置机制、创新政策协同联动机制和探索共建共赢利益联结机制。

对于成渝地区双城经济圈来说，探索经济区与行政区适度分离改革必须要勇于打破行政藩篱，改变"一亩三分地"的传统思维定式，以"一区一策"支持和鼓励成都都市圈、重庆都市圈和川渝毗邻地区等区域先行先试,大胆创新探索,形成示范引领作用。

1. 建立跨区域的协同治理机制

设立成都、重庆及重点市县的常态化协同发展专项工作推进制度,有针对性地解决区域顶层设计、产业分工协作、综合交通建设、旅游合作发展、生态环境同治、市场开放合作等重大区域协作问题。同时,在公共服务、社会民生等领域探索更多合作可能。更为重要的是,要规避区域行政分割、缺乏统筹等问题。建立更高层级的区域协同领导机构,建议由省分管领导担任组长,省相关职能部门一把手领导为主要牵头人,共同制定区域协作的行为准则和管理契约,负责区域重大事项的决策和协调。

2. 健全区域协调的规划建设管理机制

要加强顶层设计,编制区域一体化规划,明确区域协调发展的战略方向和主要任务,重点在生态环境保护、产业发展、交通基础设施建设等方面制定具体的规划举措,科学指导区域协调发展。建立跨区域的大数据信息平台,通过规划一张蓝图,统筹空间开发与保护,推动资源整合,形成国土开发有序、主体功能约束有效的发展格局。同时,建立重大项目监管系统和建设工程数字化综合监管系统,对接规划数据和后续管理需求,探索区域协同的智慧监管新模式。

3. 建立成本共担与利益分享机制

条块分割的"行政区经济"本质问题是地方政府间的利益之争,区域协调发展规则的形成和有效运作,必须按照平等协商、权责一致的原则,建立与之相适应的成本共担与利益分享机制。在利益分享方面,可率先在毗邻地区共建合作示范区,探索"存量不动+增量分成"的模式,实现飞地模式"升级"。按照"区域股份合作制"的操作方案，将各方利益更长久地捆绑在一起。在利益补偿方面，特别是生态补偿方面，建议按照"谁开发谁保护，谁受益谁补偿"的原则，对上游为保护水资源而限制发展的地区进行相应补偿。同时，跨区域的不同县市要共建招商引资团队，协调处理好招商引资的上下级政府关系，有效承接外来产业导入和产业人口转移。

4. 充分发挥市场的中微观协调作用

产业联盟、行业协会与商会能够有效衔接政府主体与企业主体。通过这类市场主体，可以全面梳理区域内的产业资源和招商资源，实现产业信息在区域内的互通共享。根据区域不同城市的产业结构及企业发展态势，能够指导形成"同质互强、异质互补"的产业分工协作体系。同时，在区域协调发展进程中，产业联盟、行业协会与商会可以帮助政府完善行业标准、统计行业数据、解决企业纠纷。在建立企业诚信信息数据库的基础上，健全"异常名录"和"黑名单"制度。

要充分重视产业联盟、行业协会与商会的作用，在区域协调发展的联席会议中设置产业联盟、行业协会与商会代表，并赋予代表发言权、建议权和投票权。同时，政府可以通过购买服务的方式，将行业统计、行业标准制定等工作委托给产业联盟、行业协会与商会。在一定限制性条件下，应当允许产业联盟、行业协会与商会组建区域性的联合组织，助力区域经济协调发展。[1]

---

① 周俊、赵晓翠：《行业协会商会如何推动区域经济一体化——基于长三角的案例分析》，《治理研究》2019 年第 5 期。

下　篇

第五章　省域尺度区域协调发展战略研究

——以四川省"一干多支、五区协同"战略为例

周　君

构建"一干多支、五区协同"区域发展新格局是 2018 年 6 月召开的四川省委十一届三次全会提出的战略部署，旨在加强全省区域统筹协调力度。"一干"是指以成都为主干，加快建设国家中心城市，形成带领全省参与区域竞争的强核。"多支"是指四川省内多个次级支点城市通过区域协同和联动发展，为成都发展提供腹地支撑，同时有力承接成都的中心辐射带动作用。"五区协同"是指成都平原经济区、川南经济区、川东北经济区、攀西经济区、川西北生态示范区五个特色的区域经济板块通过差异化分工，形成产业协作关联，实现生产要素互补和区域整体利益最大化。

一　我国省域尺度区域协调发展战略的新趋势与新特征

区域协调已成为区域经济高质量发展的主基调。2018 年 11 月，中共中央、国务院印发《关于建立更加有效的区域协调发展新机制

的意见》，进一步强调实施区域协调发展战略是贯彻新发展理念、建设现代化经济体系的重要组成部分。该战略旨在完善市场一体化发展机制、深化区域合作机制、优化区域互助机制、健全区际利益补偿机制等，以促进要素相互流动，规范区域开发秩序，推动区域一体化发展，以实现宏观区域的整体效益提升。

2021年末，我国常住人口城镇化率达到64.7%，从快速发展后期转向平台发展期，从以规模速度增长为主的阶段迈向全面提升质量的阶段，城镇化格局渐趋稳定、优化。在城镇化增速换挡的背景下，我国区域协调战略思路，特别是一省之内的区域战略也发生了相应的调整。对近期我国各省份的区域发展战略进行梳理可以发现，以"强省会"战略为特征的极化战略和以多层次、多中心为特征的均衡战略相互交织、此消彼长，在此过程中逐渐演变形成省域区域协调发展的新型空间动力系统。

以"强省会"战略为代表的极化战略。中心城市和城市群正在成为承载发展要素的主要空间形式。习近平总书记在中央财经委员会第五次会议上作出部署要求，推动形成优势互补、高质量发展的区域经济布局，增强中心城市和城市群等经济发展优势区域的经济和人口承载能力。各省份围绕推动本省经济高质量发展，着力以客观经济规律为基础，推动省会城市、省域副中心城市、区域中心城市等核心空间载体建设，其中最典型的代表就是"强省会"战略。目前，全国已有多个省份将"强省会"或"强首府"作为区域战略，以提升增长极核乃至所在城市群的区域竞争力。"强省会"战略有利于在省域内形成强大向心力，通过要素集聚和规模效应不断增强省域经济的创新力和竞争力。但为强化极核、提高城市首位度，许多省份采取撤县设区等行政区划调整方式，以扩大省会城市规模，引发城市面积虚高而人口集聚度不足等问题。此外，优势省会等增长极强大的"虹吸"力过大，而没有对省内其他城市形成良好的辐射带动作用，甚至存在部分省会城市从其他城市引入龙头企业、高等院校、产业平台等优势资源的现象。

2020年4月10日，习近平总书记在中央财经委员会第七次会议上提出，产业和人口向优势区域集中是客观经济规律，但城市单体规模不能无限扩张，城市发展不能只考虑规模经济效益，还要因地制宜地推进城市空间布局形态多元化，实施以多层次、多中心为特征的均衡布局战略。我国地域差异较大，东部省份人口较为密集，因此以优化城市群内部空间结构为目标，合理控制大城市规模，避免盲目"摊大饼"，推动城市组团式发展，逐步形成多中心、多层级、多节点的网络型城市群结构。而中西部有条件的省区市，则有意识地培育多个中心城市，避免"一市独大"的弊端。

区域协调发展，构建新型空间动力系统。从各国经验来看，由地域上邻近的不同规模等级和功能相异的多个城市集合成城市群，日益成为区域城镇化的空间主体和增长动力源，是城市发展迈向高级阶段的重要空间组织形式。与此同时，中心城市在区域经济中仍发挥着"提纲挈领"的引擎作用，通过虹吸效应、辐射效应和回流效应，引领带动区域整体竞争力提升。而都市圈介于中心城市和城市群之间，既是中心城市在小空间尺度上直接辐射带动的重要载体，也是城市群之内的重要空间单元。因此，各省份逐步构建以"中心城市—都市圈—城市群"为载体的新型空间动力系统目标，由中心城市引领都市圈发展，由都市圈带动城市群发展，再由城市群辐射带动全省乃至全国其他地区高质量发展，最终形成大中小城市和小城镇协调发展的城镇化格局。

二 "一干多支、五区协同"战略与成渝地区
双城经济圈建设的关系

构建"一干多支、五区协同"区域发展新格局是 2018 年 6 月召开的四川省委十一届三次全会提出的战略部署，旨在加大全省区域统筹协调力度。"一干"是指以成都为主干，加快建设国家中心城市，形成带领全省参与区域竞争的强核。"多支"是指四川省内多个次级支点城市通过区域协同和联动发展，为成都发展提供腹地支撑，同时有力承接成都的中心辐射带动作用。"五区协同"是指成都平原经济区、川南经济区、川东北经济区、攀西经济区、川西北生态示范区五个特色的区域经济板块通过差异化分工，形成产业协作关联，实现生产要素互补和区域整体利益最大化。而中央财经委员会第六次会议提出的成渝地区双城经济圈建设，被赋予了"引领中国西部地区发展，拓展经济增长新空间"的战略使命。

2021 年 1 月 30 日，在四川省第十三届人民代表大会第四次会议开幕大会上，四川省人民政府代省长黄强代表省人民政府，向大会作政府工作报告，其中一项重点工作就是要以成渝地区双城经济圈建设为战略牵引，深入推进"一干多支、五区协同"发展。在战略层面，"一干多支"发展战略与成渝地区双城经济圈建设有着高度契合的战略目标、高度统一的内在要求、高度一致的发展路径。

成渝地区双城经济圈建设是"一干多支"战略重要的战略引领和动力牵引。党中央对成渝地区双城经济圈的目标定位，是在西部形成高质量发展的重要增长极，建设具有全国影响力的重要经济中心、科技创新中心，建设改革开放新高地、高品质生活宜居地。"一极两

中心两地"的提出，既标定了成渝地区未来发展的战略方向，与之匹配的国家级政策与重大项目支持，对"一干多支"战略实施也将起到重要的牵引作用。

"一干多支"战略是成渝地区双城经济圈建设重要的支撑。双城经济圈建设核心在于成都、重庆双极核的崛起带动。"一干多支"战略明确提出，要做强成都这一"主干"，支持成都加快建设全面体现新发展理念的国家中心城市。提升成都作为国家中心城市的核心功能，有助于推动成渝地区双城经济圈向中国经济"第四极"跃升。只有做强成都这个主干，成渝地区双城经济圈的西侧极核才有支撑。"主干"之外，"一干多支、五区协同"战略提出促进次级支点城市和特色区域经济板块发展，通过"干支联动""支支互动"促进区域中心城市竞相增长，对于成渝地区双城经济圈整体竞争力的提升至关重要。

"一干多支"战略与成渝地区双城经济圈建设战略思路高度一致。其一，两大战略都强调要持续提升成都的发展能级，强化成都作为极核和主干的重要作用。成都既是全省经济发展的"主干"，也是成渝地区双城经济圈的重要极核。其二，两大战略都强调要重视成渝主轴发展，包括要畅通主轴通道，加快建设成渝中线、渝西高铁等，加密川渝间高速公路主通道，提升主轴城市内联外通水平，做强轴带沿线节点城市，强化成渝地区双城经济圈建设的轴带支撑。其三，两大战略都强调要壮大区域中心城市，培育区域次级极核。无论是实施"一干多支"发展战略，还是推动成渝地区双城经济圈建设，都需要一批具有较强支撑力和带动力的区域中心城市，推动整个区域实现高质量发展。

三　实施"一干多支、五区协同"战略需要解决的问题

2013 年，四川省提出的"多点多极支撑"发展战略弱化了做强成都的重要性。"一干多支、五区协同"发展战略重新突出做强成都"一干"，带动区域发展的重要战略意义，与当前国家区域极化格局进一步加强的趋势是相契合的。但是过去成都的发展策略均偏向"做大做强"，即通过"做大"城市人口和用地规模来实现"做强"。但现今成都常住人口已超过 2100 万，建成区面积已超过 1000 平方公里。成都已然实现"大"的阶段目标，但是还未实现"强"的预期。"大而不强"反映为首位度高但辐射带动能力弱、低效蔓延式扩张、国家中心城市核心功能不强等问题。"十四五"时期，要做强成都"一干"，必须转变发展方式，重点解决以下关键问题。

（一）解决增长极核"大而不强"的问题

1. 成都的辐射带动能力偏弱

成都一城独大，仍处于吸引周边资源、集聚资源的阶段，对都市圈的溢出和带动作用偏弱，与同城化的发展态势不匹配。尽管成都边缘建设用地已经蔓延到德阳市、眉山市、资阳市，但由于缺乏促进区域工业化的组织能力，成都对这三个市的辐射带动作用有限。成都生产性服务业等区域中心职能不强，还处于成长阶段，与沿海一线城市相比有明显差距，产业链短，溢出能力弱，产业门类繁杂，有 7 个部门比重超过 10%，主导行业不突出。在成都与周边城市人口和经济联系方面，成都与周边城市人口流动虽相对密切，但与周边城市的经济互动欠缺，经济带动作用不强，处于割裂发展状态。空间规划方

面,与广佛同城化提出的"珠三角世界级城市群核心区"相比,成德眉资还没有形成具有较强影响力的同城化发展战略体系,四市在金融、文创、交通通信方面的功能性建设关联性不强。

2. 城市空间外延扩张,规模边际效益递减

城区平铺式急速扩张。1990 年以后,建成区面积保持高速增长,特别是从 2000 年开始,年均面积增长高达 27.2 平方公里。目前,成都市主城区建成区面积已经达到 1006.7 平方公里,较 1949 年相比,扩张了 49 倍,呈现出惊人的增长速度。近 10 年成都市域常住人口年均增长 58 万人,与北京、上海高峰期相近。

尽管城市蔓延式扩张,核心功能仍集聚在第一圈层,用地效率递减。成都市一圈层的开发强度已超过 85%,而二圈层、三圈层的开发强度分别只有 35% 和 15% 左右。一圈层核心区的人口密度已接近 1.5 万人/公里^2,超过东京核心区人口密度。

规模边际效益递减,极核的扩散外溢效应基本辐射到二圈层,对三圈层的辐射带动尚且有限。2008~2020 年,二圈层实现吸纳外来人口的增速快于中心城区,而且每年吸纳外来人口数量也越来越接近于中心城区。但目前二圈层还不能有效地疏解中心城区的功能和人口,只是基本上摆脱了对中心城区的依赖,实现了自身人口与就业的相对平衡。三圈层仍然处于人口净流出阶段。

市域边缘地区无序发展,产城矛盾和生态环境风险大。成都汽车保有量超过 530 万辆,在城市拥堵方面排名全国前列。成都由于背靠青藏高原,大气扩散能力弱,在产业规模未达到一线城市水平时,空气污染问题已经比较严重。与此同时,成都地处四川盆地水域上游,水污染程度超出沱江、岷江自净能力,造成下游地区水质严重下降。

3. 横向对比，国家中心城市核心功能有待提升

对标国家中心城市的定位和功能，成都城市综合竞争力、枢纽辐射力、极核影响力、开放带动力依然不强。

成都经济总量和经济密度表现并不突出。成都经济总量占全省的比重较大，但仅相当于广州的 70%、深圳的 66%。并且人均地区生产总值在全国 15 个副省级城市中排倒数第 5 位。从十二大城市群的经济密度看，成渝城市群的经济密度处于第四梯队。

产业结构层次不高，创新不足。高附加值、高技术含量的加工贸易发展不足，知名品牌尤其是在国际上富有竞争力的本土品牌十分缺乏，外贸出口产品低级化特征明显。第三产业比重在副省级城市中排倒数第 4 位，全社会 R&D（研究与试验发展）经费投入强度在副省级城市中排倒数第 5 位。2019 年中国"独角兽"企业数量达到 218 家，较 2018 年增加 16 家，总估值 7964 亿美元，平均估值 36.5 亿美元；共分布在全国 28 座城市，其中"北上深杭"共有"独角兽"企业 156 家，占我国"独角兽"企业总数的 71.6%，成都"独角兽"企业仅 5 家，估值仅为 68.6 亿美元，差距较大（见表 5-1）。

表 5-1　2019 年成都"独角兽"企业全国排名及总估值

单位：亿美元

排名	企业名称	估值	行业	成立时间
59	准时达	23.2	智慧物流	2010
93	驹马物流	15.4	智慧物流	2015
167	壹玖壹玖	10.0	新零售	2010
201	医联	10.0	医疗健康	2015
218	企鹅杏仁	10.0	医疗健康	2018

开放度仍需提高。成都对外开放起步较晚，开放水平不仅落后于东部沿海城市，也落后于同处于内陆的重庆。成都进出口总额位居副省级城市倒数第 7 位，成都国际（地区）货邮吞吐量比重庆少 1.6 万吨。成都仍然缺少具有国际影响力的会展名片，2018 年成都共举办重大会展活动 689 个，总收入 1090.8 亿元，而重庆 2018 年共举办重大会展活动 503 个，总计拉动消费 1489 亿元，成都的会展活动数量与带动的经济收入不成比例。

对外开放通道不足。成都既有干线铁路建成较早，运输效率不高，2017 年国际航线总量 61 条，相比广州的 157 条、北京的 120 条、上海的 124 条有较大差距。成都高铁的通车里程和通道数量均不足，2017 年高铁车次 184 次，与北京的 385 次、上海的 498 次、武汉的 341 次、天津的 237 次相比有巨大差距。城市内部交通体系仍然有待完善。成都市平原面积广大，相比来看（见表 5-2），目前轨道交通的布局略显不足，并且城际和轨道交通对成都都市圈的支撑不足，集中建成区轨道线网密度较高，但外围地区轨道密度偏低。

表 5-2　2019 年中国城市轨道交通的里程排名

排名	城市	运营长度（公里）	线路（条）	车站（座）
1	上海	705	17	415
2	北京	626	21	389
3	广州	454	14	240
4	南京	378	10	174
5	重庆	316	10	181
6	武汉	301	9	206
7	深圳	286	8	199
8	成都	226	6	156
9	天津	220	6	153
10	青岛	170	4	83

总体而言，在新一线城市纷纷增强自身实力、竞争日益激烈的背景下，提升成都作为国家中心城市的核心功能，有助于推动成渝地区双城经济圈向中国经济"第四极"跃升。同时四川竞争力的增强需要进一步做强成都，而成都还需进一步提高能级，才能更好地在全省发挥引领带动作用。成都由大转强并未水到渠成，需要转变意识，从外延扩张向优化提升跃迁。

综上所述，成都首位度高，但还没形成足够的区域辐射带动能力，同时集聚不经济效应已经通过"大城市病"显现出来，因此在战略选择上，成都必须由片面"做大"向"做强"转变。要遵循市场的资源配置规律，支持成都率先发展，通过结构调整做优做强，推动现代高端产业集聚，发挥经济集聚效应，带动周围城镇发展，同时应向外疏解不符合成都国家中心城市定位的功能和产业，与环成都经济圈有机融合。

（二）解决次级中心城市支撑不足的问题

1.各地市经济特色不突出，未形成区域分工体系

除成都以外，许多城市在发展速度和发展水平上差距不大，并且逐渐表现出区域性同质化现象，在城市化水平、经济发展水平、产业结构等方面都大致具有类似特点。除三州外，18个市主导产业相似度近80%。很多城市将产值、利税高的钢铁、汽车、煤电、化工等列为产业发展的重点，产业甚至产品结构雷同现象十分严重，导致低水平重复建设和产能过剩。如成都、德阳和自贡都大力发展装备制造业，成都、资阳、绵阳和南充等地区都争先发展汽车产业，成都、绵阳和遂宁先后布局电子信息产业，成都、遂宁、南充和达州纷纷发展服装制鞋业等，这在一定程度上造成地区间围绕资源、要素、资金和

技术的竞争激烈。

四川中央所属大企业、国有企业和国防科技企业数量较多，企业之间难以形成紧密的协作关系，未形成互补、差异化的城际产业协作网络。除汽车摩托车制造业和部分装备制造业外，其他产业呈现各个城市独立发展状态，没有形成产业链分工、没有形成规模和集群效应，制约了城市群产业整体竞争力的提高。

2. 五大经济区差距悬殊，支点城市功能不突出

从 2021 年四川五大经济区的经济数据来看，成都平原经济区 GDP 占全省的 61.1%，而川南经济区、川东北经济区、攀西经济区 GDP 分别仅占全省的 16.3%、15.3%、5.6%，最少的川西北生态示范区 GDP 仅占全省的 1.7%。从人口规模来看，成都平原经济区占比最高，达到 50%，而最少的川西北生态经济区仅占 2.3%。

表 5-3　四川省各经济区社会经济数据对比

指标	成都平原经济区	成都平原经济区（除成都）	川南经济区	川东北经济区	攀西经济区	川西北生态示范区
GDP（亿元）	32928	13027	8761	8230	3035	897
人均 GDP（元）	73460	51433	48600	34126	43985	36295
地均 GDP（亿元/公里^2）	0.327	0.156	0.214	0.114	0.04	0.003
常住人口（万人）	4194	1994	1447	1927	607	193
面积（平方公里）	86450	72115	35281	64013	67840	237242

除了成都平原经济区外，另外四大经济区的中心城市经济实力和服务职能不突出，带动市域发展的能力不足，难以引领辖域经济发展。四川省下辖 183 个县（市、区），为全国最多。受地形影响，小

城镇数量也众多，但对人口的吸纳能力弱小，不同规模城镇之间尚未形成紧密的有机联系。

3. 轴带引领的空间结构有待进一步强化

从四川城镇体系规划来看，2003 年版四川省城镇体系规划为"K"型结构。2015 年版四川省城镇体系规划更加强调成绵乐发展轴带与达南内宜发展轴带。

但是，从成都大都市区空间发展方向来看，呈现以成都中心城区为单一核心集聚，逐步向外圈层式扩展的格局。而原有德阳—成都—眉山南北向发展的轴向结构被逐步弱化，在都市区总体结构中成都的单核地位相对强化、德阳和眉山的支点地位相对弱化。这一空间发展形态，一方面源于成都中心城区强大的极化和扩散效应，另一方面区域环形交通网的配置也是重要的强化因素。目前，成都第二和第三绕城高速公路已经通车，如不加以调控、引导，大都市区的圈层式空间形态将进一步强化。这样空间组织模式会产生以下问题：一是成都中心城区过度集聚各项功能，进而造成人口、交通、环境压力大；二是外围地区发展机会少，缺乏核心功能，产业层次低，发展水平低，中心、外围发展不平衡。这与成都平原城市群、成渝城市群构建轴向开放式区域空间结构的要求不匹配。

4. 县域经济活力不足，发展相对滞后

四川县域经济"人口多、底子薄、不平衡、欠发达"，下辖 183 个县（市、区），为全国最多。500 亿元大县主要分布在成都平原经济区。超 500 亿元的 17 个县（市、区）中，除翠屏区、西昌市和江阳区，其余 14 个县（市、区）均分布在成都平原经济区，占比达 82.4%。农业县较多，农业对财政贡献小，要靠转移支付来平衡财政收支。人口 30 万人以下的县有 60 多个，占全省的比重超过 1/3，大多分布在三州和边远地区，贫困问题突出，且由于人口少、地理位置偏远、发展条件较差，发展产业难以产生规模效益，工业化水平低。

5. 交通与市政基础设施一体化程度不高

联通三州地区的高速公路体系有待完善。四川建成和在建高速公路总里程约为 1.1 万公里，基本形成了网络化高速公路体系。但是，目前联通阿坝藏族羌族自治州、甘孜藏族自治州和凉山彝族自治州三州的高速公路还相对较少。三州是四川相对贫困和欠发达地区，拥有丰富的旅游资源，包括九寨沟、若尔盖草原、稻城亚丁、色达等，具有绿色开发价值，亟待通过完善高速公路体系来优化支撑体系，提升综合承载能力。

水资源未得到充分保护和利用。岷江与沱江是四川省内最重要的两条水系河流。从近年来对两条河流水质的监测评估情况来看，成都市域周边和中上游流域的水质较差。岷江干流在成都新津至乐山段水质污染严重，达到Ⅳ类甚至劣Ⅴ类；沱江干流在德阳至成都龙泉驿段污染较严重。在这些城镇分布较为密集的地区，工业生产和居民生活的污水排放量相对较大，导致沱江和岷江水源难以使用，存在典型的水质型缺水问题。同时，成都重点建设东部新城，规划新增约 250 万人，这会加大沱江流域的环保压力。

此外，省内的内河航道资源尚未得到充分开发和利用。以沱江为例，航道等级为 Ⅴ～Ⅶ 级，流经成都、资阳、内江、自贡、泸州等地市，均为四川的重点经济开发区，沱江上输川西、下通川南，是成都与长江沟通的第二条水路。但是长期以来，由于沱江枯水季节流量小，航运基础建设投资甚微，加之碍航闸坝的出现，水电梯级不衔接，沱江目前航运呈现不景气状况。下一步，内江和泸州等地市应有计划地启动沱江航运提质工程，这需要整个沱江流域地市的协同配合和省级层面的统筹安排。

（三）解决区域协作体制尚未理顺的问题

尽管顶层重视区域协同发展，各地一体化合作意愿也较强，但机制建设相对滞后，利益博弈现象需要有效协调解决。

1. 省级政府对地市合作的有效统筹措施不足

内自一体化目前由川南经济区联席会推进，川南经济区和省直相关部门建立了重大事项"一事一议"制度。由于没有省委常委参与，战略协议签了许多，但落到实处的并不多。地市层面协作，因各方诉求不一，难以形成有效合作，出现"顶层设计缺乏约束力，平层协作难以落实""多方协议多，但真正落地且行之有效的并不多"等问题。因合作仅限于相关地市、相关部门之间的对接协调，碎片化、条块化特点明显，系统化、制度化水平不高，如德阳和绵阳的水资源共享面临同样的困境。绵阳希望引德阳水，虽然两地党委、政府开展多次交流互访，但由于两市关注的问题不同，诉求不能统一，加之缺乏合作磋商机制，该问题一直未获突破。

2. 地方保护主义对专业化分工协作仍构成障碍

省内支点城市处于工业爬升阶段，竞争性强于互补性，仅以新能源汽车产业为例，四川 21 个地级市中有 17 个在发展新能源汽车产业。据调研，新能源汽车产业存在明显的地方保护主义，部分地方限制甚至阻止其他地区生产的新能源汽车在本地销售，以"非市场化"的方式获得产业的生存空间。从区域整体发展视角，该方式加剧了产业低水平竞争情况，削弱了企业以技术和品质革新方式获得实质性突破的动力。在招商引资方面，更易形成各自为战的状况，竞相出台优惠政策，在用地、税收、电费和水费等方面提供有利条件。以灾后重建时期的园区共建为契机，四川省在"飞地园区"方面开展了有效探索，但除了一些政策性资金扶持的园区合作外（如成都—阿坝工业园区），自发形成的飞地园区较少。

"通过做大产业和人口规模而做强"仍是成都城市发展的主要路径，由此导致成都对产业的吸纳方式仍是"通吃"，引发全领域、全环节的产业竞争，产业门类互补性较弱，难以形成梯度互补型区域合作模式。成都周边（如中江县凯州新城）虽积极推进工业同城化，实现产品标准互认，但转移的产业多为家具制造业等，真正优质的企业项目转移得少，且绝大多数有外迁需求的企业都留在了成都本市。成德眉资一体化方面，尽管受近年来成都房地产限购政策影响，成都通勤带呈现明显扩张趋势，但成都对德眉资的产业转移并不明显。

3. 规划建设和管理缺乏咨询协作

各地规划以壮大自身为主导方向，协同互动未被纳为工作重点。在各地规划编制过程中，毗邻政府难以参与其中。另外，地区在设施规划建设和管理方面因为缺少对接，普遍存在跨界道路标准不一现象。而宜宾和泸州等城市存在港口管理各自为政、港务缺乏统筹管理等严重的不良竞争现象。

此外，"一干多支"发展战略容易立足于四川省一隅的发展格局，进一步强化成都的"主干"作用。而有关规划对成渝区域内的另一"主干"——重庆考虑较少，易忽视省内环渝地区与重庆更密切的互动联系。

（四）"一干多支"战略实施已有进展

2018 年四川省为实施"一干多支"战略进行研究。2019 年开始，全省认真落实"一干多支、五区协同"战略部署，紧扣四川区域经济板块特征和发展不平衡不充分突出问题，积极创新工作思路举措，深入推进任务落地落实。

1. 多层联动工作推进机制逐步健全

各片区联席会议发挥统筹协调作用，分别召开全体会议或专题会议，开展现场调研督导，组织制定 2019 年重点任务清单，共提出 221 项年度重点任务，推动片区市（州）签订 16 个合作协议。领导小组办公室及各片区联席会议办公室加强跟踪督导和协调服务，各片区分别建立专项领域市际联席会议制度和工作专班、联合指挥部等工作推进机制，协同推进重大合作事项和重大项目实施。

2. 基础设施互联互通稳步推进

深入落实国家基础设施补短板政策和省三年行动计划，加快谋划实施一批区域性重大基础设施项目，协同建设四向拓展大通道，加快推进城市群城际通道建设。成都平原经济区着力推进交通同城化、一体化，川南经济区着力打通南向开放大通道，川东北经济区着力建设东向北向出川综合交通枢纽，攀西经济区着力突破南向交通瓶颈，川西北生态示范区着力实施"交通大会战"。

3. 分工协作的现代产业体系加快构建

制定出台优化区域产业布局的配套政策，引导各地加强产业链协作，因地制宜发展特色优势产业，为全省加快构建"5+1"现代工业、"10+3"现代农业和"4+6"现代服务业体系提供有力支撑。成都平原经济区加快产业协同创新，川南经济区加快产业集聚发展，川东北经济区加快特色资源开发利用，攀西经济区加快战略资源综合利用、现代农业、康养旅游、清洁能源等特色产业集聚发展，川西北生态示范区加快发展生态经济。

4.公共服务一体化水平持续提升

整合区域公共服务资源，打造区域性教育、医疗、文化中心，整体提升公共服务水平，引导区域公共服务中心向周边地区拓展延伸服务，为片区内群众就近提供优质公共服务，通过公共服务的辐射效应提升区域一体化水平。加强教育资源合作共享，组织成都等市县优质中小学及幼儿园对口帮扶深度贫困县学校，实现从幼儿园到高中阶段所有学校全覆盖；"天府云教"网络教育服务平台一期顺利完工，推动成都优质教育资源向其他市（州）拓展办学。促进医疗卫生联动协作，建立五大片区卫生健康事业联席会议，加快落实全域分级诊疗制度的指导意见，积极推动城市医疗集团、县域医疗共同体、专科联盟、远程医疗协作网等多种形式的医疗联合体建设。统一全省城乡居民医保制度，异地就医直接结算范围持续扩大。

5.生态环境共建共治有序开展

出台《四川省沱江流域水环境保护条例》，有序推进沱江流域（内江段）水环境综合治理与可持续发展国家级试点、嘉陵江流域国家生态文明先行示范区建设，探索建立岷江、沱江流域水污染防治项目共同申报、突发环境事件协作处置、跨界流域联合排查、河长制区域协作等机制。大气污染联防联控工作机制不断完善，成都平原经济区建立运行重污染天气应急预警工作机制，川南经济区有效发挥大气污染防治工作联席会议制度作用，建立四市空气质量旬通报制度。

现已形成全省区域协同联动、竞相发展的良好态势。"主干"支撑带动作用进一步增强，成都市地区生产总值突破 1.99 万亿元、增长 8.6%，占全省经济的比重为 37%。"多支"竞相发力，环成都经济圈和川南经济区、川东北经济区、攀西经济区、川西北生态示范区分别实现地区生产总值 1.3 万亿元、0.88 万亿元、0.82 万亿元、0.3

万亿元、0.09 万亿元，其中川南经济区增速连续 5 年居五大片区首位。

虽然成绩有目共睹，但仍存在不少区域协作问题。由于发展模式过于依赖投资，中心城市仍处在粗放式快速规模扩张阶段，传统制造业在中心城市的比重过大，具有区域带动能力的生产型服务业和创新型产业发展仍不足，中心和腹地之间尚未形成相辅相成和要素双向流动的关系；中小城市与中心城市经济联系不紧密，专门化生产水平不高，多数只能承担服务于行政辖地的一般职能，未能借助中心城市平台而有效加入区域分工；地方协作机制存在不足，在实际协作运作中难以建立有效的互利共赢机制。这些问题都需在"十四五"期间加以关注。

四 对落实"一干多支、五区协同"战略的思路和建议

（一）做强"一干"：推动国家中心城市建设，发挥引领辐射作用

做强成都，空间结构要优化升级，避免因集聚不经济而阻碍经济增长；功能产业要优化升级，强化国家中心城市功能；区域间要加强协作联系，发挥辐射带动作用。

1. 优化空间布局，由"单核放射"向"多中心网络化"升级

形成"网络化、多中心、组团式、集约型"的空间结构。以生态基底为约束，以重要的交通廊道为骨架，以城镇圈促进城乡统筹，以生活圈构建生活网络，优化市域空间格局。其中"网络化"重点突出功能、交通、信息、生态、文化等复合网络，借鉴东京都市圈经

验，完善各级城镇之间扁平化、多维度的分工协作网络，构建以网络城市群为特征的发展格局。

完善国家中心城市功能体系。将国家中心城市"五中心一枢纽"（包括西部经济中心、金融中心、科技中心、文创中心、对外交往中心和西部综合交通通信枢纽）的功能进行细化分解，并在全域统筹布局。中心城区高度集聚国家中心城市核心功能，培育多个城市副中心、新城中心、核心镇中心，既是面向市域的综合服务中心，又兼顾强化国家中心城市的专业功能。提升郊区新城就业集聚度，打造配套完善、职住平衡的产业社区。按照 30~40 分钟交通出行时间，以一个或多个城镇为核心，形成城镇圈，统筹配置公共服务设施，强化交通网络支撑，实现城乡发展一体化。在邻近成都市域边界，与德阳、眉山、资阳相连地区形成跨市级行政边界的城镇圈，加强规划共同研究编制，促进跨行政区统筹。

2. 加快创新领域发展，提升产业能级

推动创新提能，加快建设全国重要的科技中心，构建国家科技创新服务基地。目前，成都在机器人等许多高端科技方面已有一定基础，未来应注重军转民应用等进一步发展。同时，注重微笑曲线下游创新领域的发展，结合互联网经济、电商发展，打造成都市场营销领域的研发服务、咨询服务、信息服务，争取国家"市场创新"方面的配套改革实验政策。复制推广西南交大混合制所有权改革经验，继续鼓励在蓉高校推行科技创新成果的"三权"（使用权、处置权和收益权）改革，从而加速成果转化和提高转化收益。建立校企合作专项资金，发挥知名大学影响力，推进建设西南交大、四川大学、西南财经、电子科技大学环高校知识经济圈。加大对科技型中小企业的扶持力度，支持省市级高新技术产业承接重大科技项目。加快成都高新区国家自主创新示范区中外合作园区的建设，促进更大范围内的国内国际合作。

推动"成都制造"向"成都智造"转变。主动布局和积极利用国际创新资源，利用国际先进技术尤其是在数字化转型和智能制造等领域，助力企业，开发高附加值产品，突破关键工艺技术，实现业务转型。建设中西部先进制造业领军城市，促进制造业与服务业融合发展。推动"成都服务"核心功能发展，建设国家服务业核心城市，加快建设国际物流枢纽、国际消费中心、世界旅游目的地城市。推动现代金融体系建设，促进金融与实体经济深度融合，健全多层次、多元化和功能齐全的金融市场体系。

加速产业转型升级，带动区域发展。推动成都市工业向外调整。基于成都天然的大气扩散瓶颈和成都平原田园生态保护的要求，不宜在龙泉山以西成都平原范围内继续集聚过多的工业，推动工业跨越龙泉山向东部丘陵地区布局发展。在"退二进三"的基础上对腾挪出来的用地进行服务升级。减少产业开发与工业排放对环境的影响，在龙泉山以东推动公路铁路建设，建设分散的产业城镇组团。一些重污染企业应尽量迁出四川盆地范围。以天府新区为契机重构空间，推动消费娱乐、科教创新、文化体验、国际交往、主题公园、优质公共服务向南布局，以水网、田园格局为基础，形成多组团结构。同时，结合天府新区形成的双城结构、南部区域服务功能密集的新格局，加强区域交通配套，促进成渝腹地与成都区域服务功能节点的快速联系。通过产业和要素向其经济腹地转移，带动整个四川经济发展。

引贤引能，建设西部人才高地。人才是科技创新的关键要素。成都重点高校数量在九大国家中心城市中并不占优势，因此必须加大对人才引进政策的优化力度，由人口吸引转向人才吸引。完善就业指导与人才引进机制，建设面向成都本地高校毕业生以及全国范围内高校毕业生的就业信息平台，加大对高精尖人才的引导力度，提升成都人才层次。以"公园城市"建设为契机，塑造城市宜居环境；完善高品质消费服务和提升型公共配套设施；注重突出多元文化融合发展的国际化社区特点，彰显成都天府文化的包容性；加快建立多主体供给、多渠道保障、租购并举的住房制度，实现"吸引人、留住人"。

3. 推动成都与环成都经济圈协同发展，强化辐射带动力

推动成德眉资同城化。推动成德眉资交界区域优先发展，在成都天府新区—仁寿、青白江—广汉、淮州新城—中江、空港新城—雁江等区域打造若干支撑同城化发展的重要增长点。提升产业协作水平，推动成资共建临空经济区、成德工业园与淮州新城相向发展、成眉共建合作园区，在成都淮州新城、空港新城、简州新城创新打造一批跨市级、县级行政区划的产业功能区。以互惠共享为重点推进公共服务同城化。一是推进公共服务体系均等化供给，支持成都教投、医投、旅投、体投、物投五大民生领域投资集团跨市发展，加快组建跨区域义务教育联盟和职业教育"产教融合共同体"，搭建跨区域远程会诊平台，推动形成更加紧密的跨区域医疗专科联盟和医联体。二是优化社会保障卡"一卡通"功能，加快公共服务从按行政区域配置资源向按经济区域配置资源转变，形成"高品质成德眉资公共服务圈"。

构建成德绵协同创新发展示范带。以军民深度融合为突破口，深化拓展全面创新改革试验。在成德绵区域，发挥现状创新优势和交通走廊优势，争取布局国家重大科技基础设施、国家重点实验室、工程（技术）研究中心、制造业创新中心、技术创新中心、临床医学研究中心等重大协同创新平台。争创国家军民融合创新示范区，促进改革

试验与区域创新平台建设协同。完善自主创新体制机制，强化关键共性技术跨区域联合攻关和转化，集中破解创新驱动瓶颈制约。推进数据资源开放整合，率先打造大数据交换共享平台。

4.强化枢纽功能，提升国家中心城市互联互通水平

加快联通内外的铁路网络建设。打造面向欧亚和全国共 6 个方向的高铁通道，实现成都对外的高铁联系全面提速升级。一是强化与东南亚、欧洲的货运联系，重点打造 3 条国际铁路通道，实现点对点贸易通关一体化。成绵乐—东南亚货运走廊向北对接省内成德绵地区货运业务、省外与西北地区的货运业务；向南接入陆海大通道，经广西接入泛亚铁路或海上丝绸之路联通东南亚。成渝—南亚货运走廊途经简阳、天府新区，向西经川藏铁路联通南亚，向东联通重庆方向。沪汉蓉欧货运走廊途经青白江、淮口和都江堰，向东联通长三角方向，向西经川青铁路接入蓉欧铁路联通欧洲方向。二是提级 3 条国家通道。建立国家级城镇群，改变成都处于国家高铁网络末梢的格局，重点打通直达长三角、珠三角和京津冀走廊，升级京昆通道和成广通道，在沪汉蓉沿江通道的基础上新增两条沿江通道，实现与主要中西部省会城市 2 小时点对点到达、与沿海城市群 3 小时点对点到达。同时，向北强化成都—西安—北京走廊，连接成都—兰州、成都—西宁走廊，打通成都—格尔木走廊，打破河西走廊瓶颈；向东增强成都—达州—万州的出川走廊，连接成都—贵阳—长沙—厦门的出海走廊。三是强化成渝客运走廊。以高铁、城际和高速公路为骨架设施，直接联系成渝两地及其沿线城镇。增设"都江堰—成都南站—天府站—重庆"客运走廊，在成都市内与既有"都江堰—成都站—成都东站—重庆"客运走廊形成双通道。

完善成都"一市两场"的功能体系。依托天府新机场和双流机

场建设国家航空枢纽第四极，双机场服务各有侧重，新机场偏重于服务区域、国际客流和物流；双流机场偏重于服务市内、旅游和商务客流。近期充分做强双流机场，以成都和成绵乐轴带为主要腹地，面向时间敏感的商务和高端客货市场，重点发展空中商务快线、精品直达航线、公务机和高价值腹仓货邮。

以广聚全球资源为目的，提升对外交往水平。争取设立更多驻蓉领事机构、商务代表处和国际组织分支机构，加强与国际交流合作，拓展与"一带一路"沿线国家和地区的经贸合作。以建设国际知名旅游胜地为目的，加快对外文化交往中心建设，打造世界级旅游文化品牌，加快国际会展名城和国际体育赛事名城建设。

5. 深入推进成都东进，推动成渝地区双城经济圈建设

着眼成渝相向发展，加速形成东部新区新格局。目前，成渝两大城市之间的区域仍是产业布局和城镇化的洼地，需要新的增长极核发挥带动引领作用。以成都东部新区为载体推动成都东进，先行先试，率先突破，全面加强与重庆在现代产业、科技创新、对外开放等方面的衔接互动，以点连轴推动成渝相向发展，可助力形成西部大开发新格局，更好支撑国家战略意图实现。同时，成都东进区域距离川东北、川南区域中心城市 100~200 公里，提升东部新区能级，推动重大项目布局向东延伸，不断增强对川东北、川南、成都平原经济区的引领辐射带动作用，有利于推动形成大中小城市梯次分布的区域协调发展格局。东部新区未来应大力发展先进制造业和国际化生产性服务业，重点支持汽车制造、航天航空、节能环保、智能制造等产业发展，积极发展研发设计、检验检测、航空物流等生产性服务业，建设现代化产业基地，培育成渝地区产业发展的新动力。

发挥比较优势，构建双城良序竞合关系。成都应以产业功能区为

载体推进产业融合发展，打造高品质产业空间，推动产城融合，创建若干制造业创新中心，促进产业链、创新链、供应链、价值链协同融合，力求与重庆等核心城市形成具有比较优势和各具特色的产业发展格局。加快建设轨道交通、生物医药等战略性新兴产业集群，争取布局建设氢能源、人工智能、集成电路、智能制造等国家战略性新兴产业集群。整合成渝共有优势的汽车、电子信息、装备制造等产业资源，深化产业链、产品链合作，形成水平型产业分工格局。发挥成都研发创新能力强的优势，打造成渝汽车产业研发中心。着眼于大区域发展，与重庆合力打造世界级汽车产业集群、在全国有重要影响力的电子信息产业集群，形成具有世界影响力、体现国家水平的装备制造产业集群，共同构建跨区域世界级产业集群。

加强双城合作共享，合力形成增长极。提升内陆开放水平，建设高能级开放平台，天府新区联手重庆两江新区，共同打造内陆开放门户，在自贸区建设、口岸、物流等领域加强合作，共同探索内陆开放新模式。在融入共建"一带一路"、长江经济带发展、新一轮西部大开发、乡村振兴等重大战略上，抱团向国家争取重大项目支持，共同向世界招商引资，共同深化开放开发合作，合力推进西部陆海新通道、中欧班列等出海出境大通道建设，创新"一中心两省市""共同平台""共同项目"机制，消除成渝地区双城经济圈跨行政区协同的"瓶颈""断头""缝隙"。

（二）补强"多支"：打造多层次特色区域经济板块，形成竞相发展态势

1.推进省域副中心城市建设

省域副中心城市是省内经济实力较强、经济辐射力超出了自身管

辖的市域行政区，拥有独特的优势资源或产业，且与主中心城市有一定距离，未来能够带动周边区域发展的大城市或特大城市。省域副中心城市的辐射带动作用需通过特有的三种区域职能予以实现。一是服务中心，省域副中心城市是区域内资金、商品、技术、人才和信息的枢纽，既为各类经济要素的自由流动和优化配置提供必要的生产性服务，也是区域级高品质生活性服务的集聚地。二是创新中心，省域副中心城市比一般城市具有更强的综合创造力，是新思想的首播地和新体制的示范地，引领着区域的观念创新和制度创新。三是管理中心，省域副中心城市具备高等级的行政管理职能，且是区域性企业管理机构的汇集地，承担区域指挥决策和生产力功能组织的职能。

目前，国内并没有关于省域副中心城市的权威标准体系。综合其他省份经济副中心建设标准，建议从经济实力、创新动力、要素引力、区位交通及与成都的协作效应五个方面来判断。

一是从经济实力分析，绵阳、德阳、南充、宜宾相对领先。在经济规模方面，绵阳、宜宾、德阳、南充分列全省第2至第5位，经济总量均在2600亿元以上，领先其他地市州200亿元以上，其中绵阳、宜宾是除成都之外，"唯二"突破3000亿元大关的城市。在人口总量方面，南充、绵阳分列全省第2、第4位，宜宾列第5位；其中，绵阳、南充、宜宾三市中心城区人口均超过100万，是省内重点建设的百万人口强市，城市人口的集聚程度相对较高。

二是从创新动力分析，绵阳、南充、德阳、宜宾创新动力较强。从普通高等学校来看，绵阳拥有10所、德阳拥有6所、南充拥有4所、宜宾拥有2所，分列全省第2、第3、第4、第7位。从中等职业学校来看，南充拥有39所，绵阳拥有25所，宜宾拥有23所，泸州拥有19所，分列全省第2、第4、第7、第12位。从专利授权量来看，绵阳、德阳、宜宾分列全省第 2 至第 4 位，泸州、乐山分列全省第 5 和第 6 位（见表 5-4）。综合来看，绵阳、南充、德阳、宜宾的创新能力和创新实力较强，创新在推动本地经济发展的同时，也带动了周边地区域发展。

表 5-4 区域中心城市专利对比情况

单位：所，件

城市	普通高等学校	中等职业学校	专利申请量	专利授权量	有效发明量
绵阳	10	25	11553	4749	4078
德阳	6	18	7282	3211	1522
宜宾	2	23	2991	1644	718
南充	4	39	2791	988	273
泸州	5	19	3217	1451	616
达州	2	35	2222	1075	215
乐山	3	23	2498	1304	651

三是从要素引力分析，主要是考虑城市的宜居宜业环境以及为企业服务的营商环境，能够判断城市对人才、企业的吸引和聚集能力。各地市的房价是对城市吸引力的一项研判指标。从 2022 年的房价来看，排全省前 10 的"高房价"城市分别是成都、凉山、绵阳、阿坝、甘孜、广元、宜宾、德阳、遂宁、达州。排名靠前的城市说明对人口吸引力相对较强。从 2019 年全国营商环境百强县市的排名来看，除成都的区县外，仅有德阳的广汉市、绵竹市、什邡市排名进入前100。综合来看，宜宾、绵阳、德阳的城市要素吸引力较强。

四是从区位交通分析，从与成都主中心的距离来看，由近及远分别是德阳 60 公里、绵阳 120 公里、乐山 137 公里、南充 225 公里、宜宾 260 公里、泸州 278 公里、达州 450 公里。其中，德阳与绵阳距离成都偏近。绵阳、南充、宜宾分别是全省北向、东向、南向交通枢纽。从高速公路来看，南充、绵阳、宜宾分别拥有过境高速公路 10 条、5 条、5 条，分列全省第 2、第 4、第 4 位。从铁路来看，宜宾、绵阳、南充分别拥有过境铁路 4 条、3 条、2 条，其中，宜宾是成贵高铁、渝昆高铁的枢纽点，属于国家级综合交通枢纽；绵阳和南充分别是全省北向和东向进出的枢纽点，地位相对重要。从民航运输来看，绵阳、宜宾、南充已经初步具备了民航运输能力，旅客运输规模分别列全省第 2 至第 4 位。综合来看，南充、宜宾距离成都较远，分别是全省北向、南向交通枢纽，尤其是宜宾承担着连接陆海新通道的枢纽任务。

五是从与成都的协作效应来看，成都重点打造世界级新一代信息技术产业集群，建设全国重要的先进制造业基地；环成都经济圈重点与成都形成产业协同配套，打造高端装备制造、电子信息产业集群，培育国内领先的清洁发电设备、轨道交通装备、核技术应用、生物医药、新能源新材料等产业集群；川南经济区重点打造世界级白酒产业集群，培育国内领先的食品饮料、节能环保装备、智能终端、信息安全、工程机械、轨道交通、精细化工、新材料、通用航空和航空发动机研发制造等产业集群；川东北经济区重点培育国内领先的油气化工、机械汽配、绿色食品、丝纺服装、建材家居、旅游康养等产业集群；攀西经济区重点打造世界级钒钛材料、阳光康养等产业集群；川西北生态示范区及大小凉山地区重点发展全域旅游、特色农牧业、清洁能源、民族工艺、生态经济等，充分发挥生态屏障功能。与成都中心城市最能形成产业互补效应的，除了环成都经济圈外，还有川东北经济区与川南经济区的主要城市，有助于共同提升全省产业竞争力。

综上所述，本研究建议重点考虑将南充和宜宾两市纳入省域副中心城市候选名单。

在建设省域副中心城市方面，促进南充做大做强。南充发展空间较大，随着城市规模的扩大，其对周边地区的影响力将不断增强。以南充为核心，包括遂宁、广安、合川的城市圈将会形成。南充市应进一步完善城市综合服务功能，做大做强，建设成为城市群北部重要交通枢纽和港口城市，成为连接成都和川东北的桥头堡，增强对遂宁、广安、合川的辐射带动作用。依托陆路交通干线和重要航道，推动南充、遂宁、广安等一体化建设。加快阆中、仪陇、南部、蓬安、华蓥、岳池、武胜、苍溪等一批中小城市建设步伐。促进石油天然气精细化工、汽车及零部件、新材料、轻纺服装、有机农产品加工、能源、商贸物流等优势产业发展。

发挥宜宾市作为重要的交通节点和港口城市的作用。建设川滇黔渝结合交界地区重要的产业发展和要素集聚中心。培育以中心城区为龙头，产业园区、县城和试点、示范城镇为节点，宜居、宜业、宜学、宜游的川滇黔渝结合部区域性特大中心城市。以优化产业结构、突出产业特色为支撑，促进与周边城市（地区）的产业分工协作，培育川南城市群重要的商贸物流中心、金融配套服务中心、教育培训中心、医疗卫生服务中心和旅游组织中心，建设名优白酒产业发展基地、能源深度综合开发基地、重大装备机械制造基地、新型化工轻纺建材基地、绿色食品精深加工基地和战略性新兴产业基地。坚持绿色发展理念，按照长江经济带发展规划的要求，一手抓生态建设，一手抓经济发展，统筹兼顾，建立可持续发展新模式。

2. 强化成渝轴建设，推进成渝相向发展

打造成渝地区双城经济圈科技创新走廊。依托重要的交通通道形成"经济高地"，已成为世界上发达经济体的重要特征之一。经济走廊是推动区域经济发展的重要空间组织形态，能够促进资源要素在更大空间范围内配置。以波士顿地区科技分布为例，495 公路和 128 公路沿途孵化和产生了大量的高科技企业，成为带动区域经济发展的重要经济走廊和引擎。而在我国长三角区域内，最初沿 G60 高速公路及沪苏湖高铁布局的"科创走廊"，包括上海松江，浙江嘉兴、杭州、金华、湖州，江苏苏州，安徽宣城、芜湖、合肥等 9 个城市，经过几次迭代，日益成为创新资源集聚的高地。近年来，G60 科创走廊九城发挥各自所长，实现优势互补，聚焦战略性新兴产业，推动产业发展，先后成立了多个产业联盟，搭建了产业发展的新平台，重大主题项目、龙头项目集聚落地。九城市龙头企业数量达 845 家，产值超2.6 万亿元。九城携手打造具有全球竞争力的先进产业集群，在科创驱动、集聚发展上已崭露头角，人工智能、集成电路、生物制药等先进制造业产业集群特点明显。随着长三角一体化战略深入推进，不少城市纷纷请求加入，以获取新的发展机遇。浙江绍兴、安徽蚌埠和铜陵等多个城市均希望加入长三角 G60 科创走廊，尽快融入长三角创新共同体。

目前成渝地区双城经济圈除成都、重庆外，绵阳、自贡、乐山、泸州、内江、德阳、璧山、永川、荣昌等已获批国家高新区，铜梁、潼南即将获批国家高新区。借鉴波士顿和长三角地区的经验，积极争取将这些国家级新区、国家高新区、国家科学城、国家级经开区串点成线，连线成片，打破行政区划限制，推动园区联动、资源共享、优势互补、协调发展，规划"U"字形成渝地区双城经济圈科技创新走廊，因地制宜布局高新产业，引导差异化发展，避免由同质化造成的恶性竞争。

沿成渝地区双城经济圈科创走廊，做好成都和重庆主导产业转移、服务的承接，推动高校、科研机构等创新资源合作共赢和优势创新资源共享互补，努力培育连接成都、重庆"双核"的新型经济带。紧紧围绕电子信息、装备制造、航空航天、科技服务、商贸物流等产业，打造由创新驱动的特色产业集聚带。通过创新特色产业集群带动经济增长，带动沿线城市创新能力的提升。相互开放国家级和省级科技创新基地、科研仪器设备、科技文献，通过共建西部技术转移联盟、国家技术转移西南中心重庆分中心等，推动科技成果交易。已有的成绩包括重庆西永微电子产业园区与电子科技大学签署合作协议、共建电子科技大学微电子产业技术研究院、重庆大学与内江市科学技术局等单位在内江设立产学研协同发展创新中心等，见证了成渝地区推动区域协同创新取得的成绩。在引导产业协作共兴方面，推动两地支持汽车整车及零部件研发生产企业、科研机构创新合作模式，共同推进川渝城市轨道交通、生物医药等产业深入合作、协同发展。

促进川渝毗邻地区协调发展。建设成渝高质量协同发展示范区。深化毗邻城市合作是成渝城市群协同发展的基础，也是构建"一轴两带、双核三区"空间格局的关键。沿成渝发展主轴的中部区域，规划建设成渝城市群高质量协同发展示范区，集两省市合力，争取在跨区域制度创新和政策突破方面先行先试。将成渝城市群发展上升为国家战略，支持将成渝发展主轴"中部崛起"纳入国家和全市"十四五"规划的基本思路。成立遂潼新区，建立"川渝合作示范园"，探索成渝发展主轴"中部崛起"试点。重庆市、四川省政府共同设立川渝合作省（市）级区域合作专项资金，用于支持区域间交流合作、产业联动、民生共享等方面的重点项目，促进区域间合作纵深拓展。

3. 推动各市（州）协同发展

推进内自一体化，泸州、宜宾一体化。川南四市中内江、自贡在地域上紧密相连，在资源配置、功能分区、产业布局等方面有着较强的互补性，并且历史相承、文化同源、交通衔接，经济社会发展水平较高，具备良好的一体化发展基础，两市应率先推进一体化进程，建设成为川南城市群的核心地带。宜宾、泸州两市在酒类产业以及港口发展方面具有相似性，可以在酒类产业方面实现共同发展，打造全国有名的白酒基地，由经济一体化发展带动城市一体化发展。

一体化要充分利用不同规模城市间的成本差异，实现功能的疏解和要素的再分配，特别是允许产业间合理流动；要通过产业互补来化解竞争；逐步取消政绩考核的传统标准，以区域总体发展水平的提高为最大利好。

率先支持陆海新通道接口地区发展。《西部陆海新通道总体规划》提出自成都经泸州、宜宾至北部湾出海口通路是西部陆海新通道的三条主通道之一，积极打造中国西部现代物流港（遂宁）。泸州、宜宾、遂宁可借助西部陆海新通道的建设，成为新时期对外开放的前沿，可以充分利用国际国内两个市场、两种资源，强化与广阔欧亚市场的经贸往来，深度参与国际经济合作与竞争。

支持达州借助万州港，通过长江经济带这一黄金水道密切与东部、中部地区的经济联系，有效承接东部地区的产业转移，促进先进产业和生产要素的集聚，同时依托铁路建设，发挥东向北向出川综合交通枢纽作用。

推动攀西经济区"阳光生态经济走廊"建设。深化攀凉合作，推动攀西由地理上的"山水相连"变为发展上的"浑然一体"，将攀西经济区建设成为全省更具活力、更有潜力的经济增长极。发挥钒钛、稀土战略资源优势，坚持先行先试、创新驱动，促进科学开发、就地转化、链条延伸，建设国家战略资源创新开发试验区。发挥光热、气候、土地"黄金组合"优势，建设现代农业示范基地。发挥阳光生态、民族文化资源优势，推动全域旅游发展，着力打造"生态阳光、度假天堂"大攀西旅游品牌，建设国际阳光康养旅游目的地。践行"绿水青山就是金山银山"理念，推动山水林田湖草生态保护修复，大力发展绿色低碳循环经济，构筑长江上游重要生态屏障。

推动"三州"与内地协同发展。创新发展"飞地经济"模式。鼓励阿坝州、甘孜州、凉山州与内地合作共建产业园区，完善支持政策和利益分享机制。以股权众筹理念探索飞地园区合作开发模式的升级版。将产业园区整体打包为战略合作创投公司，把园区变成聚合各类资源进行项目开发的新型平台。针对园区即将引进或已经进驻的企业，以多要素股权投资的形式进行战略合作开发。实施"土地换股权""租金换股权""资金换股权""专利换股权""订单换股权""人力换股权"等灵活的投资形式，充分利用各方资源要素，将资源"资本化"，突破招商引资瓶颈，激活园区活力。多元主体按照股权投入进行利润分成，当参与主体涉及多方政府时，GDP 和税收亦可按投入比例进行分成。此外，引导专业风险投资机构、银行、担保等金融资本进入，积极与天使基金和风投基金合作，最终实现土地、金融、产业三大资本的有机融合。

开展"三州"对口旅游扶贫。"三州"地区大多位于重要生态安全屏障区域，自然资源条件好，大力发展生态旅游是将绿水青山变成金山银山的有效路径。但不少区域生态较为脆弱，基础设施和公共服务设施较为薄弱，对旅游资源的挖潜不够，对旅游品牌的塑造不足，成为制约"三州"旅游发展的瓶颈。推动"三州"与内地协同发展，通过旅游扶贫的方式增强"三州"自身"造血"能力。强化"三州"与周边旅游目的地的联系，各区域的政府、行业协会、企业间通过细分市场、产品串线、联合促销、信息共享等开展区域合作，逐步形成全面和成熟的合作机制，打造真正的无障碍旅游区。

做足支点特色长板。对于生产制造部门专业化水平较高的城市，如泸州、德阳、宜宾、南充等应保持已有的建筑业、天然气化工、机械装备制造、摩托车制造业、国防科技工业、食品工业等优势产业的稳定发展，继续提升生产制造部门的功能专业化水平，积极优化产业结构，提高城市竞争力；对于生产制造部门不具备明显的专业化优势的城市，如自贡、遂宁、内江、南充、广安、达州、雅安、眉山等可以考虑降低人力成本和资源成本，积极承担周边发达城市的产业、资金、技术转移，增强产业配套能力，借助中心城市的技术和知识溢出效应努力提高自身的技术水平和生产效率。同一层级的城市要加强横向沟通与协作，以各城市现有经济结构为基础，发挥地区比较优势，确立各自在制造部门的主导产业，以此形成群内城市产业协作、功能互补、分工明确的错位发展格局。比如基于绵阳是我国唯一的科技城、德阳的重型装备制造、乐山充足的资源优势，构建以成都为核心，以成德绵乐（成都、德阳、绵阳、乐山）发展带为主轴的空间开发格局，增强电子信息、先进装备制造、生物医药、石化、农产品加工、新能源等产业的集聚功能，加强产业互补和城市功能对接，推进一体化进程。泸州、内江、资阳、遂宁、广安、达州等应突破川渝行政界线，充分利用地缘优势，加强与重庆的经济联系，积极承接重庆汽摩零部件制造、电子信息配套制造产业，加强产业互补和城市功能对接，形成本区域新的增长点。

各支点要设法通过优化"静"环境来吸引"动"要素，在以资源换技术、以产权换资金、以存量换增量、以市场换项目、以环境引人才、以人才促发展方面多动脑筋、多下功夫。要进一步深化改革，加强法制建设、制度建设和道德建设，创造更加优良、更具吸引力的软环境，在体制、机制上为外部生产要素的嵌入并发挥其应有的作用创造条件，营造城市发展的新优势。

4. 全面激活县域经济

推动县域经济高质量发展是推动"一干多支、五区协同""四向拓展、全域开放"战略部署的重要支撑，是促进城乡融合发展的重要依托，具有基础性、全局性、战略性作用。从发展思路上，要跳出县域看县域，从路径上，要突破县域发展县域，将县域作为"一干多支"区域协同发展棋盘上的棋子，强化"一盘棋"的思维。

在《关于推动县域经济高质量发展的指导意见》中划分的城市主城区、重点开发区县、农产品主产区县、重点生态功能区县的基础上，进一步分类施策。对于成都都市圈内的小城镇，借助大都市溢出效应带来的发展机遇，鼓励与成都形成产业链，承接成都制造业转移，提供都市农产品加工、康养等生产服务，做大做强。对于成渝城市群发展轴带上的县域，要与周边城市错位发展、相互依托，加强交通基础设施建设，改善营商环境，立足自身的自然资源、劳动力资源和社会经济基础，强化社会生产的地域分工，因地制宜地培育发展专业化生产部门，形成县域产业比较优势，成为城市群网络上的节点。对于偏远农业县区，鼓励人口向都市圈、城市群转移，发展现代农业，培育农村电商，完善交通物流配套，建立生态补偿机制，提高公共服务水平，重点补短板。

以县域开发区（园区）为载体，引导工业集聚发展，培育壮大优势特色产业，加快建设一批工业经济强县。按照区域产业布局，协同打造区域特色产业集群，创建一批新型工业化产业示范基地和特色产业基地。完善开发区（园区）配套设施，支持符合条件的开发区（园区）扩区调位、创新发展。大力推动粮食生产功能区、重要农产品生产保护区、特色农产品优势区和现代农业（林业）产业园、科技园、创业园建设。重点培育壮大园区主导产业，实施农业产业化龙头企业"排头兵"工程，打造高品质、有口碑的"川字号"农业品牌。完善园区基础设施，增强园区农产品加工、储运能力。健全农业科技产业创新体系。以建设天府旅游名县为引领，带动创建国家全域旅游示范区、国家 A 级旅游景区、国家旅游度假区、国家生态旅游示范区，以及一批国家（省）级体育旅游、工业旅游、中医药健康旅游示范基地。大力发展生态旅游、红色旅游、乡村旅游等旅游产业，强化县域间旅游资源整合，联合打造一批文化旅游目的地。选择一批县开展创新型县、知识产权强县、现代农业科技示范县等试点示范。在有条件的县建设省级科技成果转移转化示范区和技术转移示范机构，创建省级及以上高新技术产业开发区。支持建设小微企业创业创新示范基地和中小企业公共服务示范平台，开展返乡下乡创业示范县和示范园（孵化园）建设。

5. 促进区域交通与市政基础设施协调

一是提升全域民航发展综合承载能力。增加民用运输支线机场。加快甘洛机场和会东机场建设，改善甘洛欠发达地区交通条件，使当地的特色产业"走出去"、商业资源"引进来"，巩固拓展扶贫攻坚成果。加快雅安机场和乐山机场建设，促进乐山大佛、峨眉山、碧峰峡、大熊猫基地、周公山温泉等重要旅游资源开发。加快遂宁机场建设，将飞行培训与民航客运相结合，同时结合西南救灾物资储备中心建设，增强西南地区的应急救援保障能力，为应对突发事件提供可靠的空中交通保障。鼓励发展通用航空。鼓励通用航空从事林业、农业的作业飞行、抢险救灾、气象探测、遥感测绘、教育训练、文化体育、旅游观光等飞行活动，近期实现成德眉资地区通用航空服务基本覆盖，远期保证每个市（州）均有一个二类及以上通用机场。

二是进一步完善三州地区公路交通体系。以打通对外通道为重点，推动高速公路优先向三州贫困地区延伸；以完善路网骨架为重点，推动国省干线公路加快提档升级；以乡镇通油路、建制村通硬化路为重点，推动农村公路网络加速完善畅通。重点加快绵阳至九寨沟、马尔康至久治等高速公路项目建设。加快康定至新都桥、汶川至川主寺高速公路的前期规划建设工作。加快推进通乡油路、通村硬化路、县乡道改善、村道完善和渡改桥工程等农村公路建设，提升农村公路覆盖率和通行保障能力。

三是推进重要水系流域的保护和开发。实施对岷江及沱江等水系的综合整治工程。严格控制污水处理率和污水厂尾水的水质。在适当地区增设人工湿地，净化水质；控制岷江和沱江沿线的采砂活动，防止水土流失；定期疏浚河道，清捞垃圾；控制河岸农业生产，防止面源污染。在城镇密集区内岷江和沱江干流，以及主要支流锦江、南河、西河等两侧防洪堤外建设沿江生态绿地，改造城区内河流堤岸，营造沿河绿化带，建设生态型河堤。扩大城市林盘和绿地空间，按照公园城市理念，重点建设龙泉山森林公园等大型生态公园，并在城区周边增加郊野公园，形成蓝绿交织的自然生态格局，创造生物适宜栖息地。提升省内河航运等级和能力。加快改善长江黄金水道川境段航道通航条件，继续推进长江上游宜宾至重庆段浅滩治理工程；加快实施岷江航电综合开发项目，提升岷江航运等级；加快实施嘉陵江航运配套工程、上石盘船闸工程建设，推进嘉陵江利泽航运枢纽和渠江达州—广安段航运建设工程，实现嘉陵江、渠江全线达标。推进金沙江下游攀枝花—水富航道基础设施规划建设。进一步提升向家坝水电站、溪洛渡电站过坝能力。整合泸州、宜宾、乐山港口资源，建设长江上游（四川）航运中心。依托自贡无水港建设，布局东盟物流产业园，结合内自一体化发展，在内江建设"蓉欧+"东盟国际班列基地。支持南充、达州、宜宾、泸州、内江、自贡等城市建设保税物流中心。

（三）横向联结：构建有效的区域协同机制

1.完善组织协调机制

加强顶层设计和省级领导，建立相应责任制，落实一些重大的区域一体化事项。省推进区域协同发展领导小组和各片区联席会议应确定重点合作方向和行动纲领，就协作中需要解决的重大问题进行集体磋商。成立重点合作专题组，组织有关单位联合编制推进合作发展的专题计划。

应为区域协调机构提供资金支持和予以财政权限，明确协调机构的实施抓手。可建立区域一体化投资引导基金，发挥杠杆作用募集多元资金，直接投资于需要区域协同的建设项目和保护项目等。可通过开征某类投资方向的调节税或免征某类项目的税收，促进或限制某些投资和建设活动，前者抑制过热开发和同质竞争，后者鼓励特定项目在所在区域的开发。

将地区协作列为重要的地方考核指标。考核体系中纳入反映一体化程度的各项指标，如能够反映市场统一性、要素同质性、制度一致性、经济关联性等的一系列指标，增加不合作的成本以及合作的收益。

推进地方主要行政干部在不同地方的周期轮岗制，通过干部在城市间的相互流动，促进政府间互利互信，降低合作的风险。这有助于避免干部的本位视角，增加参与区域协作的主观意愿。

充分发挥行业组织的积极作用。在关联度强、配套效率高、发展情景广阔的优势产业，成立行业协会联盟。在信息沟通、行业标准的制定、市场的规范等方面加强组织和指导，积极推进区域内企业相互考察学习、洽谈合作项目，在共创商机、产品设计研发、市场开拓、经营管理等方面加强协调及协作。

探索跨行政区域的一园多区的连锁园区经营模式，提升园区之间的协作关系，以园区为平台促进制造业的地域整合和协作分工；联合各地有共建合作基础或意愿的园区建立园区共建联盟，鼓励采取"飞地模式"加强园区开发建设合作，采用扶持共建、托管建设、股份合作、产业招商等模式，将园区服务业务优先委托给发达地区企业，并通过税收分成让发达地区政府分享共建园区收益。建立省内长江港务集团统筹管理各主要沿江港口。开展跨地域集团连锁化布局和经营优质学校的探索，促进城市之间公共服务质量优等化和均等化。

2. 强化协作规范机制

发挥规划统筹作用。按照主体功能布局，推进各城市在基础设施、产业布局、城镇布局、环境保护等规划上的对接，确保空间布局协调、时序安排统一，共同规划实施一批省域重大合作项目。推进边界区域开展规划协商，倡导开展城市（镇）之间的双边或多边合作，并大力推进编制联合规划。对于具有区域性影响的项目的规划建设，如垃圾填埋场、污水处理厂、污染型项目等可能对相邻地区造成影响的，应当征求相邻地区的意见，并协商解决有关问题。

建立区域市场互融互通机制。制定协调统一的负面清单，消除区域内阻碍产品和生产要素流动的制度性障碍，使市场在资源配置中发挥决定性作用。建设统一开放、竞争有序的市场体系。

构建各城市间劳动力自由流动的市场体系，在户籍管理、就业、人才档案、资质认证、社会保障、医疗、教育等方面形成区域统一政策；构建统一的投资和金融体系，加强城市间金融保险市场的相互渗透，形成统一的资本市场；构建区域产权交易市场；推进市场监管的区域联动，建立健全统一的市场主体信用信息平台和信用信息记录、归集、查询、应用制度。

3.建立横向利益分配机制

发挥市场在资源配置中的决定性作用，更好发挥政府作用，通过责任共担、利益分享，增强合作动力，减少合作阻力，提升合作耐力。建立跨地区投资与产业转移利益分享机制。鼓励企业跨区域投资、联合发展和并购重组，使市场在资源配置中起决定性作用，更好发挥政府作用，强强联合形成一批大企业集团，地区间可根据并购或重组企业的资产规模和盈利能力，签订财税利益分成协议，实现企业并购重组成果共享，引导生产要素合理流动。

完善重大项目责任共担机制。按照利益均沾、合理分担的原则，共同承担基础设施投入；统筹推进各个城市在就业、科技、教育、社保、卫生服务体系等层面上的衔接，加快社会保障的异地衔接改革，探索建立医保跨市报销、异地领取养老金资格认证、医疗卫生资源跨市共享、突发公共卫生事件应急合作、食品医药安全工作联动、科教资源共建共享等机制。

构建帮扶机制。对于三州地区，积极构建扶持机制，加大财政转移支付力度。

第六章 成渝地区区域中心城市
同城化发展研究

——以内（江）自（贡）同城化发展为例

文 雯

　　同城化是新时代区域协调发展战略的重要实践，也是区域内城市经济社会发展到一定程度的必然趋势。目前，国内许多地区都在积极探索同城化的模式与路径，如广（州）佛（山）、沪（上海）苏（州）、深（圳）（东）莞惠（州）、郑（州）汴（开封）、沈（阳）抚（顺）、成（都）德（阳）眉（山）资（阳）等，都取得了重要的进展和发展经验。与国内其他地区的同城化发展情况不同，内江、自贡同城化（以下简称"内自同城化"）是地理位置相近、规模能级相当、没有明显大城市带动的两个中等城市之间的同城化，不能照搬国内现有的同城化发展模式，迫切需要通过深入的战略研究，客观剖析其同城化的现实基础，找准探明内自同城化的共同诉求，科学谋划同城化的战略方向与战略重点，从而走出一条具有区域特色、符合本地实际的同城化新路径，为两市实现跨越式发展提供支撑。

一　同城化发展的内涵与规律

同城化作为区域协同发展的形式之一，逐渐成为城市与毗邻城市优化区域资源要素配置、提升整体竞争力的重要战略选择。其主要内涵是边界相邻的两个或者多个城市之间在保持行政独立性的前提下，推动城市核心要素在发展上形成协同性、互补性，从而全面实现资源要素互补、产业互动共融、公共服务异地共享、居民生活协同一体等发展目标。同城化发展有利于降低发展成本，加速跨边界要素流动，提升区域治理效能，从而形成"1+1>2"的放大效应。

（一）纵深推进的阶段性发展是同城化的重要特征

结合目前国内同城化的地方实践，可以发现同城化有自身明显的发展阶段，大致可以划分为初步探索期、局部突破期、融合发展期和全面同城期。[①] 在初步探索期，城市之间有一定的同城化发展意向，但是城市与城市之间联系较弱，协商机制发展不健全，主要是从打通"断头路"等交通联通入手，在较易实现同城合作的信息同网、文化旅游等领域进行初步尝试。局部突破期一般是在交通互联互通取得重大进展后，城市与城市之间开始推动城市发展空间重构和区域产业分工协作，在医疗、教育、社保等的生活服务同城化发展上也开始进行一定的对接，此阶段的同城化一般以政府为主导。例如，郑（州）汴（开封）除了城市道路系统的对接外，还新修了郑开物流专线，推动物流产业发展。在融合发展期，同城化在多个维度取得了突破进

---

① 沈丽珍等：《流动空间视角下的同城化地区发展阶段划分与特征》，《地理研究》2021年第 9 期。

展，城市之间的合作深入推进，此阶段的重点主要是通过体制机制创新，提升协同合作机制的有效性和长效性。例如，深（圳）（东）莞惠（州）地区探索了"深圳创新、东莞/惠州制造"的互利共赢模式。在全面同城期，城市间已形成科学合理的分工体系，城际间拥有较高效的人货流、信息流、经济流。此阶段的重点是要注重社会资源优化配置和社会利益合理分配，共享并展开创新领域合作，推动同城化高质量发展。例如，广（州）佛（山）同城化发展较为成熟，为国内其他地方提供了很好的学习样板。

（二）便捷高效的交通联系是同城化的实施前提

有序推进、先易后难、分阶段建设是同城化的发展路径，其中便捷的交通设施是先导和前提。一般来说，交通通达度越高的地区，同城化程度越高。广（州）佛（山）、沪（上海）苏（州）、深（圳）（东）莞惠（州）同城化等都是先从"交通、生活同城"逐步走向"产业、创新同城"。国内同城化发展的城市，在跨界道路对接的基础上，逐步构建更加完善的城际交通网络、更加便捷的城际交通运行，通过交通同城、交通同网、交通一体化等一系列发展战略来保障和促进同城化进程。尤其是轨道交通，能够实现城际间快速连接，例如"打造轨道交通一张网"是广（州）佛（山）互联互通的重中之重，实现广（州）佛（山）中心城区半小时通达、全域 1 小时通达，已经成为广（州）佛（山）同城化的重要标志。

（三）区域合作试验区共建是同城化的落地手段

区域合作试验区共建是整合近域空间、以小切口形式加快城际合作的重要方法和路径，也是推动同城化战略实施的模式创新。区域合作试验区能为相邻城市提供更多的产业发展、政策实践的空间选择，具有一定的灵活性，也有利于对协调组织的组织架构和工作效能进行检验和修正，为双方进一步深入合作的开展进行实践探索，奠定良好的基础。例如，早在"十三五"时期广州、佛山就提出建设广佛高质量发展融合试验区的设想，涉及广州、佛山边界处的多个区域。"十四五"时期，两市将根据授权对试验区实行真正意义上的同城化管理，大胆开展体制机制创新，加快同城空间规划融合，探索试验区边界去行政化，将试验区打造为全国跨区域共建平台的样板。成立于2017年的沈抚新区位于沈阳、抚顺两城之间，是两城共同管理的共建试验区，也是推动沈（阳）抚（顺）同城化的重要抓手。沈（阳）抚（顺）同城化发展成效显著，是我国同城化程度较高的区域之一。沈抚新区已经成为推动同城化创新发展的引领区和辽宁振兴发展的新引擎。

（四）双方意愿与协调机制是同城化的有效保证

在组织领导方面，同城化通常需要建立高层协调机制，成立同城化发展领导小组，整体谋划和推进同城化发展。但由于各地协调组织成立方式、组织层级等不同，同城化的发展进度和实施效果也不相同。例如，广州、佛山自2009年两市正式签署战略合作协议以来，成立了由两市书记、市长组成的"党政四人领导小组"，负责特别重大事项的决策和协调，不定期召开领导小组会议；建立"市长联席会议+分管副市长工作协调会议"机制，并成立城市规划、交通基础设施、产业布局、环境保护四个"专责小组"。多层次同城化协调机制保障了其同城化工作一直走在全国前列。沈（阳）抚（顺）同城化实施过程中得到了辽宁省政府、国家有关部门的高度支持和关注，其同城化协调小组是由辽宁省发展改革委牵头、相关职能部门参与，同城化进程非常快。反之，如果省级政府对同城化战略支持力度不够，则同城化容易陷入僵局，关于长（沙）株（洲）（湘）潭一体化发展早在 1985 年就提出了合作意向，但由于支持力度不够，一直到 2000 年都没有取得实质性进展，同城化发展进程缓慢，直到 2005 年得到湖南省政府大力支持后才实现快速推进和发展。

二 地级城市协调发展对重塑区域竞争力的重要意义

党的十九大报告对新时代中国新型城镇化的发展格局作出了科学解释，即"以城市群为主体构建大中小城市和小城镇协调发展的城镇格局"，突出了小城市和小城镇在中国新型城镇化发展中不可或缺的战略地位。与一、二线城市相比，地级市分布更加均衡，更有利于促进区域协调发展。内江、自贡两市地处成渝地区双城经济圈南翼，是四川省内中心城区距离最近的两个地级城市，总面积 9766 平方公里，具备同城化发展的基础条件。加快内自同城化发展，既是实现两市跨越发展、在更大区域携手发挥功能作用的内在需求，也是贯彻落实成渝地区双城经济圈建设战略部署，深入实施"一干多支"发展战略的有效路径，有利于深化川南经济区一体化发展、推进成渝地区双城经济圈建设战略有效实施、提升四川省对外开放水平、增强区域整体竞争实力，具有十分重要的现实意义。

（一）有利于探索跨行政区域协调发展的新路径

内自同城化是同等体量规模城市协同发展的典型，两个城市在城镇体系中没有主次、强弱之分，需要处于相同地位的城市建立统一规划、统一政策、统一标准的协同发展机制，推动内江、自贡双方在发展规划、产业布局、基础设施、生态保护、社会治理等方面实现深度融合、无障碍衔接，提升资源配置效率，实现同城化发展目标，对推动跨行政区域协调发展具有重要意义。其同城化的实践及积累的经验，能为全省未来其他城市的发展提供有益的示范和新的思路。

（二）有利于加快成渝地区双城经济圈中部崛起

成渝地区双城经济圈将成为西部地区高质量发展的重要增长极，随着成都"东进"、重庆"西扩"发展战略的实施，成渝相向发展为内自同城化带来了契机。内江、自贡横跨成渝发展主轴和川南城镇密集区，通过同城化发展优化两地要素组合，形成合理的地域分工，促进资金、资源、劳动力等生产要素集中，带动两市经济融合共生，增强承接产业转移能力，有望增强成渝中部地带经济发展的内生动力，有效解决成渝城市群中部"塌陷"问题。

（三）有利于提升四川省对外开放水平

随着"一带一路"建设深入开展，西南地区正成为我国下一步对外开放发展的"热土"，东盟地区已经成为我国第二大贸易伙伴。内江建成川内首个"蓉欧+"东盟国际班列市（州）基地，自贡与北部湾港合作建设了西南无水港，打通快速连接欧洲和东盟经济动脉的"黄金通道"。内昆铁路、蓉昆铁路促进了与北部湾、昆明等地的交通联通，通过成渝铁路、隆黄铁路与西部陆海新通道形成有效对接，利用内江、自贡的优势区位和便利条件，打造四川南向开放门户，全面提升四川对外开放程度。

（四）有利于增强区域的整体竞争实力

内江、自贡实施同城化发展战略，两者的人口和经济规模超越了省内的绵阳、德阳、宜宾、泸州等城市，居四川省第2位。内自同城化战略的实施有利于优化四川省的城市发展格局，内江、自贡两市应在产业协同、基础设施建设和公共服务供给等方面形成融合发展的体制机制，共享同城化发展带来的要素整合、市场扩大、竞争力提升等方面的红利，提升在省域内城市发展能级，拓展发展空间，快速形成带动区域经济增长的极核，增强区域经济竞争力。

三　内江、自贡同城化发展存在的难点和问题

内江、自贡两市中心城区直线距离28公里，空间相近、人文相亲，同城化发展具有天然地缘优势，且两地同属老工业城市，在装备制造、食品饮料、清洁能源和先进材料等方面具有比较优势，但推动两市同城化发展，在经济规模、产业分工、空间融合、设施互通、服务共享、体制机制等方面仍然存在不小的挑战。

一是经济人口规模较小。2021年，内江市、自贡市地区生产总值分别为1605.5亿元、1601.3亿元，分列四川省第10、第11位，两市地区生产总值仅占全省的5.95%，人均GDP水平低于全省和全国平均水平。内江市中心城区常住人口100.2万，自贡市中心城区常住人口124.3万。虽然建成区面积不断扩张，但常住人口逐年减少，人口密度持续降低，人口老龄化问题突出，未来发展活力不足。

二是产业分工合作不足。目前，内江、自贡两市产业发展阶段

相近，三次产业结构相似（见图6-1），均处于聚合发展阶段，客观上产业竞争大于合作。产业层次不高，产业链条延伸不够，辐射和带动能力不强。两市产业园区缺乏有效整合，园区之间上、下游产业联系较少，区域之间没有形成合理的产业分工，产业人才缺乏高效流动，产业发展分工合作明显不足。

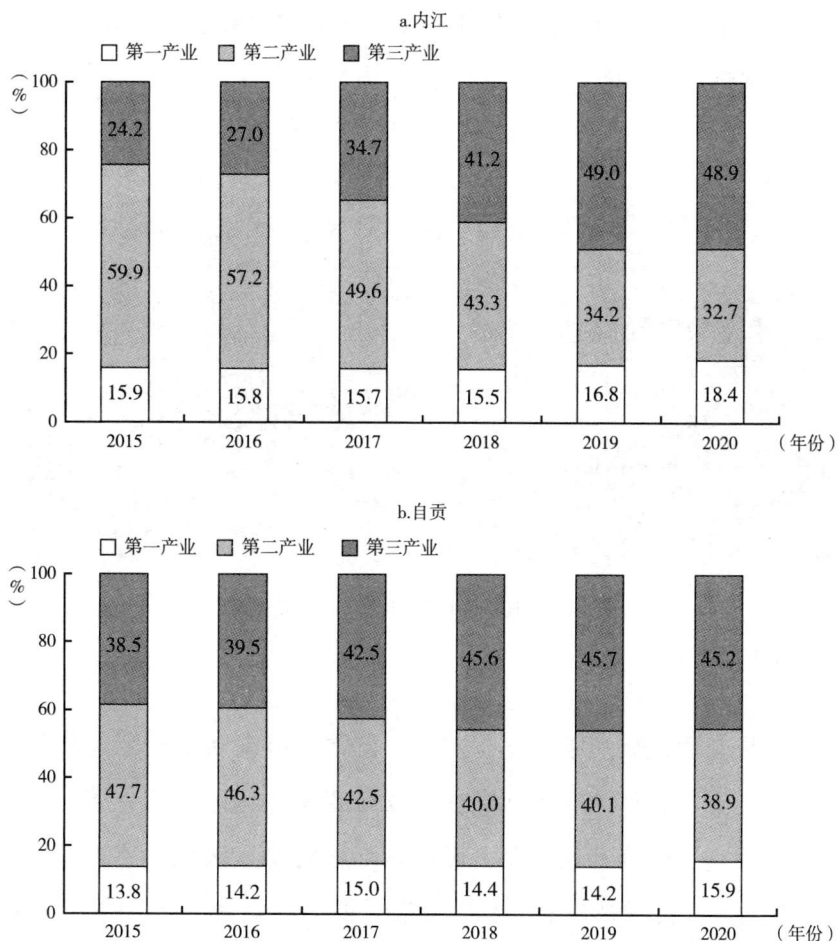

图6-1　2015~2020年内江、自贡三次产业结构变化

数据来源：内江、自贡2015~2020年统计公报。

三是空间发展融合不够。内江市中心城区主要向北扩张，围绕内江北站布局，自贡市中心城区主要向东、向南扩张，两个城市发展方向相异（见图6-2）。城市空间布局沿成都放射线发展趋势明显，内江沿厦蓉高速发展，连接"资中—内江—隆昌"。自贡沿蓉遵高速和乐自高速发展，连接"荣县—威远—自贡—富顺"。沿内宜高速的交通走廊对于人口流动的引导作用不足，两城市之间形成了人口洼地，内自发展轴基础薄弱。

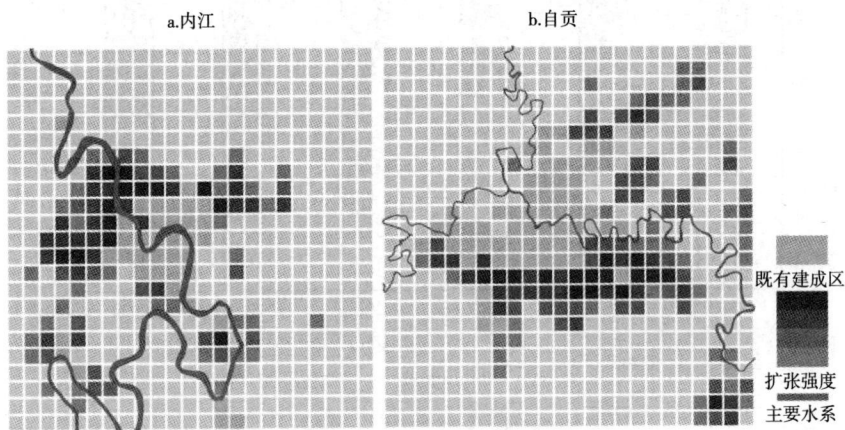

图6-2 内江、自贡中心城区扩张模式

资料来源：笔者自绘。

四是交通设施短板突出。内江、自贡两市高铁枢纽配套集疏运体系尚不完善，例如，内江高铁枢纽配套集疏运体系不完善；自贡铁路对外交通联通严重不足，亟须城际铁路融入区域铁路网。两市缺少民航机场，航空出行依赖成都、重庆、宜宾、泸州等地的机场，但距离都在75公里以上。内江、自贡内部高速公路、干线公路"通而不畅"，部分国省道周围两侧集镇密布，设施服务水平不高，缺乏快速通道，直连内江、自贡两市的沱江航道功能未得到有效发挥。

五是公共服务共享不足。在优质教育资源共享方面，尚未形成统一的招生政策，在人才培养、学科建设方面的共同动作尚未常态化。在医疗卫生的联动协作上尚未实现信息互通、数据共享、结果互认，对于打通医疗"一卡通"仍然存在体制机制上的问题。在文化服务上，文化服务设施共享联动的成效有限，内江、自贡两市围绕优势文化尚未形成统一的文化主体观念。在政务服务上，异地办理、"一网通办"方面存在一定壁垒。

六是合作机制亟待完善。长期以来受行政区划分割的影响，内自同城化机制壁垒突出，内自同城化发展面临土地、资金、政策等保障机制不完善、利益协调机制不健全等现实挑战。缺乏有效的成本投入分担机制、市场化投融资机制、利益分享机制和考核激励机制。目前内自签订的一系列合作框架协议仅限于两市之间的协调，缺少省级层面强有力的监督协调组织机构。

四　内江、自贡同城化发展的思路与建议

（一）融合共建：优化同城化发展的城镇体系

统筹内江、自贡两市的区域资源环境承载能力、开发强度、现实基础和发展潜力，构建"双核一带三区"的同城化城镇空间格局，有利于进一步优化城镇规模等级结构，创造毗邻地区乡村融合空间，促进形成协调发展、集约高效的总体功能布局。

1.构建"双核一带三区"的城镇空间格局

"双核"即内江、自贡两市中心城区。中心城区建设要突出城市

文化特色，不断提高公共服务水平，完善城市功能配套，增强对人口的吸引和集聚能力；积极融入西部科学城建设，提升产业承载能力，推动创新型产业集聚发展；积极融入西部陆海新通道建设，建立"铁水公空"立体多式联运体系。"一带"即内自都市绵延带。依托绵泸高铁内自泸段、内昆铁路、银昆高速公路内宜段、S427（内自段）等交通廊道，有效串联两市中心城区、承接产业转移创新发展示范区（内自合作园区）及沿线城镇，推动产业发展、城市建设等沿内自都市绵延带相向发展，形成联通两市的重要区域经济走廊，打造宜居宜业宜游宜商的高品质城镇发展带。"三区"即承接产业转移创新发展示范区（内自合作园区）、威资荣城镇协同发展区和沿富隆城镇融合发展区。"三区"建设要积极探索经济区与行政区适度分离改革，加快要素集聚，推动产业园区向产城融合的城市新区发展，建设成渝地区双城经济圈南翼跨越发展新引擎。

2. 共同优化城镇规模等级结构

优化由"中心城区—县城—重点镇——一般镇"构成的城镇体系（见表6-1）。提升中心城区功能，完善两市中心城区精细化管理体系，强化两市中心城区的辐射带动作用，坚持产业转型升级、绿色发展，促进产城人文深度融合。优化中心城区市政基础设施布局，提升公共服务、社会治理、营商环境等水平。优先在中心城区打造一批"完整社区"，全面建成15分钟生活圈。做强五个县域支撑，促进产业培育设施提质增效、公共服务设施提标扩面、环境卫生设施提级扩能、市政公用设施提档升级，提升城市承载能力。完善经济协调发展机制，推动各县基础设施互联互通、产业对接协作、公共服务协同共享和环境污染联防联控联治，推动区域一体化发展。统筹发展中心镇、特色小镇，坚持宜农则农、宜商则商、宜旅则旅，合理确定城镇主导功能，强化产业支撑，引导各镇特色发展、协同发展，带动周边乡村发展。支持连界镇、严陵镇、代寺镇、长山镇等开展全国强镇培育。强化内部功能和业态混合，促进创新、生活、休闲、文化等功能融合，打造宜居宜业宜游的美丽乡镇。

表 6-1　内江自贡两市城镇等级结构

单位：个

城镇等级	城镇名称	城镇数量
一级 中心城区	内江市中心城区、自贡市中心城区	2
二级 县城	隆昌、资中、威远、荣县、富顺	5
三级 重点镇	连界、镇西、田家、球溪、银山、向义、界市、石燕桥、龙市、黄家、史家、永安、顺河、朝阳、高粱、响石、新场、小河、新店、罗泉、铁佛、鱼溪、公民、龙江、双凤、双石、新桥、五宝、仙市、永安、板桥、代寺、狮市、赵化、长山、仲权、成佳、龙潭、回龙、庙坝、荣边、建设、黄市、九洪、乐德、双古、鼎新、永年、怀德、童寺、何市、牛佛、三多寨	53
四级 一般镇	除三级重点镇外的其余乡镇	120

资料来源：笔者自制。

3. 营造毗邻地区乡村融合空间

积极打造产业合作示范带，支持向义镇、凌家镇、黄家镇、何市镇、牛佛镇、代寺镇等乡镇打造制造业合作示范带。以机场高铁枢纽、铁路物流枢纽等为基础，打造物流合作示范带。支持龙门镇、响石镇、椑木镇、三多寨镇、仙市镇、狮市镇等乡镇发展，依托历史文化和自然风光，打造主题鲜明的文旅合作示范带。加快建设特色农业集聚区，依托永安镇、黄家镇、狮子镇、双凤镇、新店镇、回龙镇、庙坝镇等乡镇，提升农副产品精深加工水平，增强对成渝地区的供给能力。进一步推动美丽村落建设，扎实推进"美丽四川·宜居乡村"建设，支持内江市尚腾新村、正子村、古宇村、四方村和自贡市百胜村、尖山村、三多寨村、云丰村等重点村落，深入挖掘传统文化资源价值，推动社会资本参与，增加多元化功能，加快乡村休闲服务业发展，发展形成特色鲜明、功能综合、现代化的美丽村落。

（二）同城共网：共同推进区域基础设施建设

强化区域基础设施互联互通，加快基础设施跨区域共建共享、协调互动，有利于提升中心城市辐射带动周边地区的协同发展能力。因此，统筹推进内江、自贡两市交通、水利、能源、信息等基础设施建设，构建布局合理、设施配套、功能完善、安全高效的现代基础设施网络，进一步提升同城化的服务保障水平。

1.合力构筑便捷完善的综合交通网络

推动铁路、公路、机场、港口等各类运输方式融合发展，构建陆、空、港一体化综合交通枢纽。客运方面，重点建设内江北站、自贡站综合立体交通枢纽，推动内江北站扩容改造，探索建设内江、自贡空铁联运枢纽，优化枢纽配套集疏运体系，提高交通出行效率和服务水平。货运方面，新建自贡南站服务西南（自贡）国际陆港，建设内江新区二级铁路物流基地服务内江国际物流港。牛佛镇可以建设沱江牛佛作业区，服务于承接产业转移，进一步提高铁水联运效率。

不断完善公路网络，构建功能明确、层次清晰、衔接顺畅的公路网体系。畅通对外高速公路大通道，形成联通"成都—内自—重庆、成都—内自—云贵"的两大高速公路网走廊，强化成渝地区双城经济圈主要城市间云贵方向的快速联通。依托既有国省干线公路布局，研究规划成自渝城际快速通道、红星路南延线经内江至重庆快速通道、自贡至泸州港公路等项目，逐步消除普通国省道"瓶颈路"。

2. 积极完善跨区域水利基础设施

研究推进跨区域蓄水、提水、调水工程建设，增强跨区域水资源调配能力。推进长征渠引水工程前期工作，推动向家坝灌区一期，建成邱场分干渠自贡段和内江市供水管线，加快大石包水库、老蛮桥水库扩建和隆昌供水管线建设。加强葫芦口水库、小井沟水库等水利工程管护，提升水生态保护和水资源保障能力。以内江、自贡两市水资源协同利用为纽带，建立区域水资源一体化协作平台。完善两市日常水资源管理的协作机制，共同编制岷江、沱江流域及其重要支流防洪方案，加强跨境防洪排涝水利基础设施的共同规划与同步建设，提高防洪减灾能力以及跨区域水资源调配能力。

3. 提升油、气等能源保障水平

推进页岩气开发利用，共同提高页岩气规模产能。依托长宁—威远、威远—荣县区块国家级页岩气示范区建设，加大威远、荣县、富顺等重点区块的页岩气勘探开发利用和保护力度，完善页岩气开发利益共享机制。完善页岩气开采配套基础设施和相关产业布局，积极推进以页岩气为原料和燃料的工业项目及分布式能源项目建设，加大就地转化和加工利用力度。

完善油气管网布局，协同推进区域油气管网建设。开工建设威远—自贡—泸州—江津和长宁—自贡—泸县页岩气集输干线工程，协同推进川南—渝西区域、自205-2脱水站—自贡输气管道、自201脱水站—荣县页岩气集输管网建设，打通川渝富余气外输管网，改造隆昌—自贡供气管网等工程。推进中化成品油库项目建设，协同推进兰—成（内江—自贡—宜宾）—渝成品油管道项目。

提高煤炭、电力保障水平，加快煤炭矿区建设，提升产煤储量。加大煤炭开采力度，着力提升 170 万吨/年煤炭生产能力。完善电网主干网架结构，规划实施新建（扩建）500 千伏变电站，推进两市 220 千伏及 110 千伏输变电工程建设，加强城乡配电网建设改造，提升区域电力交换和供应保障能力。有序推进光伏发电项目，积极探索分布式光电项目，构建综合电力供应体系及应急处置体系。

4. 共同构建5G 等泛在融合信息网络

积极推进 5G 网络建设，强化两市毗邻地区网络覆盖。沿内自都市绵延带加快 5G 网络建设。推进千兆宽带建设，提升城镇用户千兆宽带网络接入能力，加快光纤宽带由行政村向自然村延伸。支持企业开展技术、设备产品研发和服务创新，推动 5G 在工业互联网、农业、交通、医疗、教育等领域示范应用。

强化数智赋能，探索两市数据资源融合共享、业务系统互联互通。推动大数据服务平台建设，建立统一的智慧城市综合管理平台和网格化社区管理系统。建设智慧物流服务平台，合力打造物流园区，实现两市物流全链条智慧化管理。建设智慧旅游服务平台，服务旅游景区、酒店、商圈、旅行服务机构和消费者，助力两市文旅产业协同发展。

（三）优势共育：构建互补互利的现代产业体系

坚持"融入""提升""合作"，统筹内江、自贡两市产业发展，做强先进制造业，提升现代服务业，打造现代高效农业，推进两市产业优势互补，提升产业发展的能级和竞争力。

1. 共筑协同互补的先进制造业体系

规划建设承接产业转移的创新发展示范区（内自合作园区）。立足产业基础和交通区位条件，突出承接导向和示范功能，高质量承接成渝、长三角、粤港澳大湾区等整体转移及产业链协同转移，争创加工贸易梯度转移重点承接地和外贸转型升级基地，打造制造业高质量发展示范基地、现代商贸物流示范基地、科教创新合作示范基地。

打造优势产业集群，融入成渝地区现代产业体系。共同推动先进制造业建链、延链、补链、强链，形成千亿级装备制造、新材料、清洁能源产业集群，百亿级生物医药、食品饮料、电子信息等产业集群，培育绿色化工、无人机及通航等新兴产业集群。协同开展稀土永磁铁氧体材料、玻纤复合材料、高性能氟材料、页岩气制氢等领域技术创新，强化产教融合和技术创新应用。

深化园区协同联动，建立产业链协作关系。推动内江经济技术开发区、内江高新技术产业开发区和自贡高新技术产业开发区3个国家级开发区和7个省级开发区升级，促进园区间产业链正向互促，构建两市现代制造业发展地图。加强与四川天府新区、重庆两江新区等国家级平台的交流与合作，构建总部、研发在成渝，生产转化在内江、自贡的产业协同发展模式。加强与渝西地区的产业合作，推进成渝地区双城经济圈产业合作示范园区等合作平台建设。

2. 壮大品牌引领的现代服务业矩阵

打造巴蜀文化旅游特色目的地，绘制两市文化旅游发展地图，全面融入巴蜀文化旅游走廊建设。突出文商旅融合发展和全域旅游发展，建设国家文化出口基地、中华优秀传统文化传承发展示范地和文旅产业融合发展示范区。联合举办文化旅游宣传推介活动，推动以大千文化、灯文化、盐文化等为主题的文化产业发展，促进文旅产业深度融合，打造文化旅游环线，推进两市旅游景区景点市民同城化待遇。建成一批天府旅游名县，培育新型消费、特色消费、品质消费，建设特色消费集聚区，创建成渝地区特色消费目的地、国家文化旅游消费试点城市。

打造百亿级现代物流产业集群，深化区域物流合作，绘制两市物流产业发展地图。推动内江国际物流港与西南（自贡）国际陆港合作，建设"蓉欧+"东盟国际班列基地。深化与广西防城港、钦州港等的合作，共建东盟物流产业园，打造东盟—成渝物流集散中心，建设自贡国家骨干冷链物流基地，打造西南地区农产品冷链物流枢纽。

提升现代服务业发展能级，推进电子商务、健康养老、现代金融等现代服务业发展，争取服务业扩大开放试点政策。大力发展电子商务，推动服务外包产业发展，推进特色产业与互联网平台融合发展，建设电商产业供应链基地，培育壮大直播电商、跨境电商、社区社群电商等新业态新模式。建设"健康内江""健康自贡"，推动健康种养业、健康制造业与健康服务业融合发展。聚集发展现代金融业，争取绿色金融、金融科技等创新试点，开展跨境投融资便利化政策试点和跨境金融服务，服务实体经济。

3. 打造绿色高效的现代都市农业品牌

打造特色农业生产基地，发挥农业资源优势，绘制两市物流产业发展地图，积极融入成渝现代高效特色农业带发展。以农业设施化和精准化生产为主，加快优势粮食、晚熟柑橘、精品蔬菜、油茶茶叶、优质花椒、特色水产、优质畜禽等特色农业生产基地建设，高质量打造川南渝西现代农业融合发展示范区。发展壮大农产品加工产业，积极培育农业品牌。加快西南（自贡）食品产业园、内自合作园区食品产业园建设，大力培育威远镇西、荣县经开区等省级农产品加工示范园区，做大做强"甜城味""自然贡品"公共区域品牌，擦亮"威远无花果系列""黄老五花生酥""冷吃兔系列"等农产品品牌。

（四）同城共治：筑牢长江上游绿色生态屏障

坚持生态保护优先，加强生态空间共保，推动内江、自贡环境协同治理，加快区域生态文明建设，夯实绿色发展生态本底，形成人与自然和谐共生的同城化生态保护格局。

1. 推动水体、大气、土壤等联防联治

推动跨界水体环境治理，推动沱江流域（内江—自贡—泸州段）开展全国第二批流域水环境综合治理与可持续发展试点工作，探索西部沿江城市环境综合治理与发展模式，重点河湖生态流量保障目标满足程度达90%以上。全面加强水污染治理协作，积极推进再生水利用和污染物集中处理，规划建设牛佛、李家湾等港口船舶污染物接收、转运及处置设施，加强重点饮用水源地、重点流域水资源、农业灌溉用水保护。联合开展大气污染综合防治，强化能源消费总量和强度"双控"，推动大气主要污染物排放总量持续下降。加快环境监测体系建设，推动空气质量监测数据共享，切实改善区域空气质量。进一步优化能源结构，提高清洁能源在终端能源消费中的比例，推动实现碳达峰碳中和。加强土壤污染联防联治，推动土壤污染治理及固危废处置设施共建共享，提高无害化处置和综合利用能力。推进废弃物资源化循环利用和园区循环化改造，开展老工业基地转型升级土壤污染治理与修复试点示范。推动固体废物跨区域转移合作，完善危险废物产生申报、规范暂存、转移处置的一体化标准和管理制度。

2. 保护修复山水林田湖草沙生态系统

实施山水林田湖草沙系统治理，提升生态系统功能。落实"三线一单"生态环境分区管控要求，加大自然保护区、重要水源地等生态空间和重要生态系统的保护力度。以沱江流域共同治理和水生态

修复为重要突破口，实施重要水源地保护工程、水土保持生态清洁型小流域治理工程。发挥重要河流"生态廊道"功能，实施生态湿地保护与恢复工程，努力扩大生态湿地面积。实施天然林保护、防护林建设等重大生态保护和建设工程。

推动实施农业面源污染治理和修复工程，共同提升农村环境治理水平。推进沱江流域农业面源污染综合治理和修复，优化布局农田氮磷控源减排、坡耕地生物拦截、坡耕地径流集蓄与再利用、畜禽养殖污染治理等示范工程。推进化学投入品使用减量增效，加强农业废弃物资源化利用，严格畜禽行业排污管理，加强农村生活污水治理。

3. 推动实施区域生态环境协同监管

进一步健全区域环境治理联动机制，强化环境突发事件应急管理。严格执行长江经济带发展负面清单管理制度和重大产业项目环境影响评价区域会商制度，全面推行排污许可"一证式"监管，建立健全联合"河长制""湖长制""林长制"。落实横向生态补偿机制、污染赔偿机制，共建沱江生态廊道，协同打造沱江绿色发展经济带。健全突发环境事件协作处置机制，探索区域固废危废处置互补机制，完善重污染天气区域联合预警机制，推进生态环境数据共享和联合监测。

完善区域防灾减灾体系，共建共享区域防灾减灾设施。加强江河洪水防御体系建设，全面提升中小河流防灾减灾能力。加强灾害预警监测、应急预警信息发布体系建设，强化在自然灾害早期预警、城市内涝风险预警、风险信息共享发布等方面的合作。建成覆盖市、县、灾害多发易发乡镇的救灾物资储备点。建成市、县、乡镇、村组四级协调联动的救灾物资信息管理平台，提升物资储备的信息化管理水平。

（五）同城共享：健全一体化的公共服务体系

建立健全统一规范的区域基本公共服务标准体系，推进内江、自贡公共服务设施共建共享，不断提升公共服务的质量和水平，使同城化发展成果更好惠及人民群众。

1. 促进教育体育文化资源合作共享

加强基础教育资源共享，全面实现义务教育常住人口全覆盖。推动义务教育优质均衡发展和普通高中优质特色发展，协同开展监测评估，引导各级各类学校高质量发展。推动建立基础教育学校联盟，加强跨区域教学交流、师资互派，开展教研合作交流，协同举办学术研讨会和教育论坛，促进优质教育资源共享。整合区域职业教育资源，以内江职业技术学院、自贡职业技术学院、四川卫生康复职业学院、川南幼儿师范高等专科院校为核心，做强职业教育联盟，打造职业教育品牌，扩大双向招生规模。依托重点职业院校，完善产教融合、校企合作机制，实施订单式、定制式、企业新型学徒制培养。

以各类体育赛事活动为载体，深化体育事业融合发展。积极开展两市青少年体育和群众体育交流活动，促进两市体育事业高质量发展。以威远连界国际足球竞训基地、西南自行车运动（赛事）中心等项目为依托，推动两市特色优势体育项目共同发展。以自贡市体育大数据中心平台为载体，深化体育大数据联盟共建共享，提升体育事业信息化水平。

深化公共文化同城共享，深入推进内自文化共享协作。依托两地图书馆、文化馆、博物馆、纪念馆等文化资源，不断完善公共文化服务体系，提升内自"甜咸"文化共融水平。共同开展全民阅读、文艺演出、优秀书画摄影作品联展等活动，强化数字资源、地方文献、博物馆资源等共建共享。

2. 提升医疗卫生一体化服务水平

加强公共卫生合作，建立健全医防协同的公共卫生服务体系、重大疫情防治和应急管理体系，推进疾病预防控制机构建设达标和能力提升。完善重大疫情联防联控及监测预警机制，推动重大疫情信息互通共享，加强极端情况下疫情应急能力体系建设，提高区域内突发公共卫生事件的协同处置能力。优化配置医疗卫生资源，推进区域医疗中心建设，鼓励优质医疗资源通过合作办院、设立分院、组建医联体等形式跨市域发展。利用人工智能、互联网等技术开展远程医疗。整合两市优质医疗资源，加强儿童、精神、康复、传染等专科服务能力建设。建立高层次医疗人才共享机制，开展疑难疾病联合攻关和重大疾病联合会诊等，持续加强人才培养、业务交流等方面的合作。

促进医疗服务同城对接，探索建立双方定点医院双向转诊机制、医保定点互认机制和实时结算机制，建立医疗损害异地鉴定及医患纠纷异地调解制度。健全"互联网+医疗健康"服务体系，构建信息交流互通机制，实现居民健康档案、电子病历、预约挂号、远程会诊等互联互通。探索医疗"一卡通"服务，推进两市个人账户省内异地普通门诊和药店刷卡直接结算服务。

3.统筹社会保障、养老服务和就业创业

推进社会保障一体化，推进社保服务同城化。建立社会保险参保信息共享机制，推进养老和失业保险关系无障碍转移，逐步统一两市城乡居民养老保险缴费补贴标准。建立工伤认定和劳动能力鉴定等互认制度，协助办理有争议或投诉的案件。协同建立失业保险促进再就业的长效机制，保障失业人员基本生活、促进就业、确保社会稳定。

构建同城养老服务体系，共同打造居家社区"15分钟养老服务圈"。构建居家社区机构相协调、医养康养相结合的养老服务体系，引导社会资本参与养老机构建设。开展异地养老合作，探索建立两市异地养老及优待互享合作机制，打造区域性养老服务综合体。

营造良好的就业创业环境。健全就业创业服务体系，建立城乡统一的劳动力市场，制定相对统一的人才流动、创业等政策，促进人力资源高效配置。建设人力资源服务产业园，搭建创新创业服务平台，打造一批众创空间、大学生创业园、留学回国人员创业园等孵化基地和创业平台。成立区域公共创业服务联盟，联合开展创新创业大赛，共同打造公共创业服务品牌，共促创业型城市建设。

4. 开展政法公共服务协同合作

创新社会治理协同机制，加强城市管理联动，推动毗邻地区管理无缝对接。完善社会治安防控体系，建立完善的情报信息互通、重点稳控协作、应急处突等机制。协同开展流动人口和特殊人群跨区域服务管理，实现居住地和户籍地信息共享，制定户籍迁移便利化政策措施。建立健全基层社会治理网络，全域实行网格化服务管理。

加强法律服务领域协作，深化公共法律服务、纠纷多元化解、执法司法联动一体化建设。建立健全司法鉴定、公证、律师、基层法律服务信息快速查询机制与律师等办理重大敏感案件的信息通报和联动机制。设立内自边界地区联防联调协作指导中心，建立联席会议、信息交流、务实协作等工作机制，推动法治宣传等工作互联互动机制。

强化审判检察跨区域合作，推动两市法院构建案件会商、执行联动、专项审判、纠纷化解等协作机制。依法妥善审理、执行各类案件，密切检务合作，建立跨区域涉检信访矛盾纠纷化解协作机制，深化线索移送机制，共同打击各类跨区域犯罪。

（六）同频共振：共同营造良好的开放合作环境

促进内江、自贡共同融入"一带一路"建设、长江经济带发展和成渝地区双城经济圈建设,充分发挥西部陆海新通道、长江黄金水道通道优势,协作搭建开放合作平台,营造同城化一流、开放的营商环境,探索经济区与行政区适度分离改革,联动建设新时代深化改革扩大开放示范城市。

1. 进一步畅通对外开放大通道

高水平参与国际大循环,积极推动"一带一路"建设。密切与中欧班列(成都)协同作业,畅通滇黔—内自—成渝—蓉新欧/渝新欧通道,打通通往丝绸之路经济带的北向物流大通道。积极参与西部陆海新通道建设,畅通成渝—内自—昆明—东南亚、成渝—内自—南宁—北部湾通道,常态化开行内自经北部湾到东盟的铁海联运班列。加强与"一带一路"国家的经贸交流合作,探索共同"走出去"发展路径。

全方位融入国内大循环,深入对接长江经济带。协同推进跨区域交通基础设施建设,加强与宜宾港、泸州港、重庆港的合作,畅通滇黔—内自—重庆(万州)—上海、滇黔—内自—重庆—西安—郑州—连云港的公水联运物流通道,打通融入长江经济带、海上丝绸之路的东向大通道。积极参与泛珠区域高铁经济带合作,畅通成渝—内自—贵阳(昆明)—粤港澳通道,开行内自至粤港澳大湾区的运输班列,争取布局高铁经济带合作试验区产业园。

多层次联动成渝地区双城经济圈,积极融入成都、重庆都市圈建设。畅通成都—内自—重庆高速公路走廊,加快建设成都—内自—重庆多层次轨道交通网络,全面深化产业、科技、文旅、公共服务等领域的合作,构建内自—成都、内自—重庆半小时经济圈。协同川南渝西地区推动南翼跨越,加强与泸州、宜宾、永川、荣昌、江津等城市的互联互通。

2. 积极搭建开放合作平台载体

建设中国（四川）自贸区协同改革先行区。融入川渝自由贸易试验区协同改革开放示范区建设，高标准建设中国（四川）自由贸易试验区内江、自贡协同改革先行区，统筹推进双向投资管理、贸易便利化、金融开放、区域协同开放等制度创新，争取形成一批制度创新成果。协同创建保税物流中心（B型）、综合保税区和海关特殊监管区域（场所）。

建设外贸转型升级基地。依托现有基础，围绕优势产业和主导产品，打造一批内外贸相结合的专业市场，争创一批国家级外贸转型升级基地。加快建设国际贸易"单一窗口"，实现内江、自贡国际贸易管理链条全覆盖。积极融入成渝跨境电子商务综合试验区建设，发展跨境电商，打造一站式外贸综合服务平台。

积极开展对外交流活动。组团参与西博会、科博会、智博会、西洽会等重大展会活动。扩大川南电商博览会、新材料大会、自贡国际恐龙灯会、盐博会等重大节会活动的影响力，办好世界无花果大会。联合承办国家、省级文艺、体育等高水平赛事。建立投资促进协同工作机制，联合开展投资推介和项目服务，携手拓展国内国际市场。

3. 共同营造一流市场营商环境

优化政务服务环境，探索推进行政审批无差别化受理。率先在全省实现政务服务同城"一网通办"，推动项目审批流程化和标准化，动态优化权力事项目录，推行"容缺受理、联合踏勘、联合验收"等工作机制，深化"双随机、一公开"联合监管，提高监管效能。

营造公平市场环境，全面落实公平竞争审查制度。共同推进"放管服"改革，推动标准共商共通、检测认证结果互认。制定和实施统一的产业招商名录与市场准入负面清单，鼓励各类企业、社会资本以多种方式参与同城化项目建设。加快行业协会、商会、产业联盟等产业中间组织建设，引导形成公平竞争的行业秩序。

优化诚信法治环境，协同推进社会信用体系建设。加快构建以信用力为基础的新型监管机制。发挥川南经济区信用联盟作用，构建社会信用信息"一张网"，完善社会信用信息平台功能。拓展"信用+"应用场景，规范信用"红黑名单"制度和信用修复管理，建立健全守信联合激励和失信联合惩戒机制。

4. 探索经济区与行政区适度分离改革

创新园区管理机制，以承接产业转移创新发展示范区（内自合作园区）为载体，探索经济区与行政区适度分离改革。建立园区管理机构，优化职能配置，支持园区享受两市国家级开发区的扶持政策。创新管理模式，建立灵活的人事管理体制。组建开发建设公司，用市场化手段推进园区开发、建设和运营，引导产业和创新资源向园区集聚。

建立同城化发展重点项目土地、资金等供应保障机制。优先保障跨区域重大项目新增建设用地，建立区域统一、城乡统筹的土地市场体系和土地价格体系，探索集体经营性建设用地入市。完善统一的产业用地政策，探索开展混合产业用地供给。共同争取跨区域重大基础设施、产业等领域项目贷款和专项债券支持。探索建立金融风险监测防控协调机制，防范化解区域金融风险。

建立利益联结机制和跨区域重大项目会商机制，推动重大项目联合申报、联合实施、联合考核。探索共建园区成本分担和利益共享机制、税收征管协调机制、利益争端处理机制。在企业登记、投融资、财政投入、财税分享等领域建立两市政府间协商机制，完善重大经济指标协调划分机制。

第七章　县级单元区域协调发展研究

——以阆（中）苍（溪）南（部）一体化发展为例

顾永涛

县域作为国家治理、经济发展和社会服务的基础单元，肩负着统筹地区社会经济发展和保障民生的重任，在国家现代化发展进程中具有十分重要的地位。2020 年底，我国共有县和县级市 1869 个，县域常住人口达 7.48 亿人，占全国总人口的 53%；2000 ~ 2020 年，我国县域城镇化率由 22.9% 提升到 48.7%，县城及县级市城区常住人口 2.5 亿人，占全国城镇常住人口的近 30%。2021 年，全国百强县以占全国不到 2.0% 的土地、7.0% 的人口，创造了全国 9.94% 的 GDP，还涌现出 43 个 GDP 过千亿的县域，[①] 多位于东部发达地区和都市圈。它们的进步提供了县级单元接受中心城市辐射带动、实现特色化发展的宝贵经验，极大地增强了县级单元协同发展的信心。

在看到这些发展成绩的同时，我们还要清醒地认识到国内县域经济发展不平衡，部分地区县级单元在区域协同发展方面面临诸多的挑

---

① 赛迪顾问县域经济研究中心：《2022 中国县域经济百强研究》，2022 年 8 月。

战与难题。县级单元发展能级相对有限，规模效益明显递减，在政府财力、人力资本、市场资源等要素配置方面面临较多不足，通过"单打独斗"破解县域发展瓶颈的难度较大，尤其是远离经济发展优势中心地区的县，面临的发展局面更为严峻，如豫东南、苏北、粤东、粤西、鲁西南、川东北、皖西北等地的县，相对于省内发达地区，经济普遍欠发达，内生发展动力不足，而这些县恰恰是巩固拓展脱贫攻坚成果、有效衔接乡村振兴战略的主战场。县级单元通过"抱团"发展，能较好地解决县级单元区域地位边缘化、资源统筹不足、行政成本较高等问题，实现区域均衡协调发展。

一　县级单元一体化发展的困境与必要性

（一）县级单元一体化面临的困境

行政等级较低，统筹协调能力受限。县级单元一体化方面，由于地位平行、行政等级较低，多数县级单元之间的合作事项无法独立决策，而需要更高级别机构的审批和统筹协调，特别是牵涉体制机制改革创新的内容，即使县级单元有了较好的政策设计，也需要上级机构的批复方可推行。在资源要素调配方面更是如此，县级单元可以为市场化的生产要素流动取消门槛，然而对于道路交通等大型基础设施而言，受到行政和部门分割的制约，在实际操作过程中易出现对接不充分等问题。

向心凝聚的动力小于向外借力的激励。合作联盟的成功建立，取决于某一地区能否为"伙伴"提供既不能由自己创造又不能轻易通过市场机制获得的战略资源。县级单元缺乏区域中心城市所独有的资源、资产或"渠道"，因此对于单个县（市）而言，与区域中心城市等增长极的合作是其最直接的突围路径，向外寻求合作的动力远大于县级单元间合作的动力。

合作所需的梯度差和互补性不足。从现实情况看，如果地区之间存在"发展阶段差异"和"产业发展梯度"，那么合作将更易发生。从国内其他地区的成功案例来看，无论是广佛、深莞、深汕等毗邻地区的产业协作，还是更大区域范围内的产业转移，都属于由双方发展阶段和产业结构的不同引发的互补型合作。然而，对于相互毗邻、同等体量的县级单元而言，通常发展阶段相近、产业结构相似、资源禀赋相仿，协作所需要的梯度差并不突出，需另辟蹊径探索合作的共同利益点，才能强化合作的内在动力。

（二）一体化发展是毗邻县（市）提高竞争力的重要出路

抱团发展有利于解决县（市）普遍面临的发展动力不足问题。县域经济普遍总量不大、质量不高，产业结构相对简单，缺乏支柱型龙头企业、技术研发能力严重不足、人才缺失等制约经济发展。伴随城市群、都市圈等区域性战略不断推进，临近中心城市的县（市）能够更好地接受中心城市的辐射带动，迎来更多的发展机遇；而远离经济发展优势区的县（市）面临的发展形势则更为严峻。在全国393个人口超过70万人的县（市）中，大多数位于川东北、皖西北等欠发达地区，受到中心城市的辐射带动作用微弱，人均发展资源占有量小，内生发展动力不足，亟须通过探索一体化等新的发展模式来寻找出路。

协同发展有利于整合区域优质资源形成发展合力。在区域发展中，如果各地都追求自我服务、自我循环、自成体系，将不利于各自特色和优势的发挥，更不利于区域整体资源的高效利用。当前，在地方分权和行政主导经济发展的格局下，经济运行被分割成无数相互隔绝的经济区单元，导致每个经济区都试图构建自给自足的产业体系。因此，应通过探索经济管理权限与行政区范围适度分离等方式打破行政壁垒，促进互联互通，降低要素流通成本，避免恶性竞争和重复建设，促进区域资源和设施得到更合理的配置，从而提升区域产业的综合竞争力。

（三）不改变现有行政区划的一体化发展更易操作且具有推广价值

按照以往的做法，如果利用既有城市等级管理体制扩展行政管辖空间、推动区域协同发展，往往以调整行政区划作为关键突破口。但对于远离中心城市与城市群等经济发展优势区域的县级单元而言，很难通过"撤县设区"的方式融入并借力优势区域发展。并且，行政区划的变更更趋严格，其中部分做法所面临的风险也受到越来越多的关注。

通过行政区划调整实现协同整合的难度变得更大。根据 2019 年 1 月 1 日起施行的《行政区划管理条例》，县（市）行政边界重大变更需经国务院批准。伴随经济社会发展进入新阶段，贯彻落实治理体系和治理能力现代化要求，实行更为规范和严格的行政区划管理已是趋势。通过直接的重大行政区划变更，"简单粗暴"地推动区域一体化发展，在当前以及未来一段时期的实施成本将更高、难度也更大。同时，"撤县设区"就近融入区域中心城市，在一定程度上不利于按照市场规律配置要素和资源，多地实践表明其对区域协同发展的效果并不是很理想。

二　阆苍南一体化发展的重要价值

（一）区域协调发展的创新之举

随着国家宏观层面的区域协调发展加快推进，区域发展的协调性明显增强，区域比较优势进一步发挥，区域发展差距逐渐缩小。在宏观层面之下，各省份内部不同板块之间以及不同板块内部如何实现协调发展，这是区域协调发展面临的新课题。

目前，我国较为成熟的区域协调发展实践尚停留在"以大带小""以强促弱"的特大城市带动周边城市的模式，如广州与佛山、上海与昆山等。县级单元之间协调发展是国家实施区域协调发展战略的重要组成部分，目前尚未形成具有普适价值的案例。阆苍南地处革命老区和区域发展洼地，都曾经是国家级贫困县，具有较强的县级单元代表性。三个体量相似的县（市）探索一体化发展，具有重要的理论与实践探索价值，能够为国家进一步完善区域协调发展政策体系提供重要经验参考。

（二）巩固脱贫成果的创新之举

2018 年 11 月，中共中央、国务院发布了《关于建立更加有效的区域协调发展新机制的意见》，针对推进区域协调发展作出了一系列新的战略部署。其中"补短板"是区域协调发展的关键环节，要求继续支持革命老区、贫困地区、民族地区、边疆地区等改善生产生活条件，实现人民生活水平大体相当。

阆苍南地处秦巴干旱区走廊，均为脱贫攻坚主战场。"十三五"

时期，阆中成功实现 142 个贫困村退出、6.5 万贫困人口全部脱贫，被评为中国地方政府防贫效率"百高县"、四川脱贫摘帽先进县；苍溪成功实现 214 个贫困村退出、9.6 万贫困人口全部脱贫，连续 4 年位列四川脱贫攻坚年度考核"好"的等次；南部成功实现 198 个贫困村退出、10.2 万贫困人口全部脱贫，荣获"全国脱贫攻坚组织创新奖"。

加快阆苍南一体化发展，推动三县（市）以扶贫协作为载体，用足用好脱贫攻坚政策，巩固脱贫攻坚成果，在补齐发展"短板"的同时，促进资金、项目、技术、信息、人才等跨县（市）流动和整合，有利于激活和激发阆苍南的内生动力，探索一条贫困地区转型发展、创新发展、跨越发展的新路子。

（三）强化县域经济的创新之举

县域经济是我国国民经济的基础，在整个国民经济发展中处于非常重要的地位。四川省相较于沿海地区发展落后，很大程度上体现为县域经济发展落后。成都作为四川省会的聚集效应显著，2020 年成都实现 GDP 17716.7 亿元，常住人口达到 2093.8 万人，分别占全省的 36.5% 和 25.0%。为了更好地调动其他城市与地区的积极性，充分发挥成都"主干"引领辐射带动作用和各区域板块"多支"联动作用，需要有选择性地打造一批区域增长动力源，构建以县域经济为基础的区域融合互动发展新格局。

具体到阆苍南三县（市）所在的川东北经济区来看，川东北经济区经济发展水平较低，与全省平均水平相比还有较大差距；产业整体层次和集聚度较低，经济增长内生动力较弱。区域内有南充、达州、广元等中心城市，但经济实力偏弱，辐射带动作用不强。阆苍南三县（市）距离南充、广元的中心城区较远，难以受到区域中心城市的辐射带动，单打独斗的发展模式也不利于整体竞争力提升。因此，阆苍南需要"抱团取暖"，通过培育以县域经济为基础的区域增长新动力源，解决区域局部塌陷问题，对于全省、全国都具有借鉴意义。

（四）推动县（市）改革的创新之举

古语说"郡县治、天下安"，两千多年来，县级单元基本稳定如初，为中国的经济社会发展做出了独特的贡献。中国经济社会发展进入新时代，资源要素要实现更加合理的高效配置，需要冲破传统的行政区划束缚。同时，基层治理和建设任务繁重，比以往要更加注重发挥县级单元的基础性支撑作用。县（市）在独立建制的基础上，通过创新的办法，最大限度地实现协同规划、建设、治理一体化，是下一步行政体制改革的重点领域。

四川省下辖 183 个县（市、区），为全国最多。在推动县（市）改革的过程中，阆苍南三县（市）联系紧密、资源要素集聚成本低、体制机制灵活、创新弹性大、"船小好掉头"，这决定了三县（市）协调发展能够保持较高的经济和社会活跃度，有利于人流、资金流、信息流等更为畅通，打通区域壁垒，形成发展合力。阆苍南三县（市）探索一体化发展的体制机制改革创新路径，对于四川省其他县（市）和全国类似县（市）的发展都具有重要的价值。

三 阆苍南一体化发展存在的难点与问题

（一）受行政分割制约较大

从国内其他地区一体化的成功案例来看，"以大带小"的模式通常较容易取得成效,但行政等级相同的县(市)推进一体化往往较为困难。阆苍南三县(市)分别为南充、广元两个地级市所辖,三个县级单元的一体化在较大程度上依赖于上级单元的统筹协调,程序烦琐,困难较多,阻碍较大。

实践证明,三个县级发展均存在诸多问题,突出体现在旅游发展、基础设施建设和体制机制等方面。从旅游发展方面来看,毗邻区域的旅游资源得不到有序开发。例如云台山处于苍溪和阆中的交界处,禹迹山景区、升钟湖处于阆中和南部的交界处,尚未形成统一的开发格局。从基础设施建设来看,三县(市)的道路设施、市政设施建设未能实现充分对接,且三县(市)交界处有较多的"断头路",垃圾处理、饮用水源等方面也存在诸多待协调的问题。从体制机制来看,阆苍南三县(市)缺乏共享合作机制,针对具体合作项目的权责划分以及收益分成等问题大多是"一事一议",没有固定的分配机制。同时,也缺乏相配套的信息交流机制、争端解决机制、绩效考核机制等,难以对区域一体化形成约束和支撑。

(二)人口净流出态势明显

阆苍南都是人口大县,户籍总人口约 300 万人。2020 年,阆中、苍溪、南部的常住人口分别为 62.3 万人、51.3 万人、81.7 万人,[①]对比户籍人口,人口净流出总量约为 100 万人。当前,阆苍南新兴产业培育不足,缺乏发展的新动能,难以提供足够的就业岗位。

三县(市)的城镇化水平较低。2020 年,阆中、苍溪、南部的城镇化率分别为 48.7%、32.9%、44.9%,远低于全国平均水平

---

① 阆中市、苍溪县、南部县第七次全国人口普查公报。

（63.9%）。大量农村富余劳动力外出务工，劳务收入成为农民最主要的收入来源之一。阆中、苍溪、南部的常年外出务工人员分别为 25 万人、27 万人、50 万人。大量外出人口与家庭长期分离，导致空巢老人、留守儿童比例较高，并产生各类社会和治安问题。

（三）体量相近、互补性不足

阆苍南皆处于工业化、城镇化中期，体量比较小，自我发展能力还较弱。2020 年，阆中、苍溪、南部地区生产总值（GDP）分别为 265.4 亿元、179.8 亿元、420.2 亿元，全年一般公共预算收入分别为 14.1 亿元、6.4 亿元、11.8 亿元，[①] 人均 GDP 水平较低，分别为 42224 元、34770 元、50990 元，均未达到四川省平均水平（58080 元）。三县（市）的工业主要集中为初级加工、一般制造业等传统产业，并不具备明显的互补性，存在同质化竞争问题。

四　阆苍南一体化发展的模式创新与路径选择

把握阆苍南三县（市）的独特诉求和关键问题，瞄准总体战略定位，将阆苍南一体化的战略思路确立为"融入、聚合、降本、协争"，以此统筹未来的协同发展。

（一）融入：融入成渝、抱团借力

抢抓国家推动成渝地区双城经济圈建设、打造西部高质量发展重要增长极的重大战略契机，以"联通双城、全面融入、抱团聚力、

---

① 2020 年阆中市、苍溪县、南部县国民经济和社会发展统计公报。

服务成渝"为目标,做实做好阆苍南三县(市)深度融入区域发展大文章。优化开放合作平台,扩大国际开放市场,促进阆苍南旅游、产品、技术、标准、品牌链条式"走出去",发展更高层次开放型经济。

1. 积极对接成渝制造业溢出

主动承接成渝地区双城经济圈产业项目转移,是推动阆苍南产业链向高端跃升的重要路径。以打造成渝地区双城经济圈产业转移承接地、形成成渝地区双城经济圈北翼重要支撑为目标,以汽车汽配、装备制造、电子信息、食品医药等产业为着力点,加强与成渝地区等重点企业对接,打造成渝关键零部件配套生产基地和成渝制造业协作基地。此外,应抢抓5G及国家新一轮电子信息产业发展政策机遇,积极与成渝乃至沿海地区的电子信息优质企业对接,加大对电子信息及智能汽车相关产业的招商引资力度,提前布局成渝地区汽车电子生产配套环节。打破以往"碎片化"的转移方式,从关注总量、规模向关注质量、结构转变,以专业化园区为载体承接集群化产业转移,打造若干成渝双城配套产业园。

近期,应以共建成渝地区双城经济圈配套产业集群为核心目标。积极对接成渝两地机电产业,引进汽车零部件生产企业。以配套成渝整车生产为方向,发展汽车制造及零配件生产、工程车组装及配件生产、新能源汽车及配套零部件生产等项目。加强与成都市及周边县市区的沟通对接,主动融入成德绵产业发展带,积极承接眼镜、制鞋等轻工制造产业转移。此外,加快苍溪"元坝气田"等能源项目建设,打造成渝清洁能源保障基地,支撑区域产业绿色转型发展。

2. 打造成渝地区旅游特色板块

川渝地区是我国世界级旅游资源最集中的区域之一。两地分别提出要打造四川省十大旅游目的地和重庆市三大旅游目的地。阆苍南恰位于"蜀道三国文化旅游"和"嘉陵江流域文化体验休闲旅游"两大旅游区重合地带。因此，积极融入巴蜀文化旅游走廊建设，有利于借力区域旅游的影响力，主动融入"大蜀道""大三峡"旅游环线，构建成渝旅游大区内重要的山水人文交织的流域旅游带，与区域内其他旅游片区实现错位发展、差异化竞争。可依托嘉陵江全江渠化工程，积极推进"阆苍南一体化·印象嘉陵江"综合旅游开发项目，谋划山水人文交织的嘉陵流域旅游带。形成以阆中千年古城为核心，苍溪乡村旅游、南部生态旅游为两翼，广元剑门关、巴中光雾山、仪陇朱德故里、广安小平故里和华蓥山等为组团的川东北文化旅游集聚区。

此外，应积极与川渝其他旅游区紧密合作，串联形成嘉陵旅游大环线，共同打造嘉陵江文旅经济带。推动阆苍南精品旅游线路入网上线，嵌入川陕甘渝红色旅游大环线、嘉陵江生态文化旅游大环线、川东北三国文化旅游大环线等重点旅游线路。积极对接剑门关、朱德故里、小平故里、九寨沟、峨眉山、重庆武隆、西安兵马俑等川陕渝知名5A级景区，加快形成互助营销机制。

打造高水平文旅开放合作平台将对提升阆苍南文化旅游的影响力发挥积极作用。通过参与国际性和区域性旅游展会，办好各类重点项目推介活动，寻求在文化、康养、旅游等服务业领域的合作机会。例如，与成渝地区各文旅集团、文旅产业股权投资基金等深度对接，在旅游资源开发、旅游市场拓展、文旅融合推进等方面开展合作。举办阆苍南文旅产品国际营销年会，邀请旅游开发企业、旅行社、设计公司等参加，针对景区项目运营、投融资解决方案、景区项目设计等开展业务对接，探索旅行社业务合作新模式，打造差异化旅游产品。充分借助阆苍南本地节庆活动提升文旅项目的市场影响力。推动阆中持续办好落下闳春节文化博览会、嘉陵江国际龙舟赛、阆中古城国际马拉松赛、飞凤枇杷采摘节等活动；苍溪持续办好梨花节、猕猴桃采摘节、环亨子湖自行车赛等活动；南部持续办好升钟湖国际钓鱼节等活动，整体提升阆苍南区域节庆活动的知名度和影响力。

3. 打造成渝区域级高端农产品品牌

苍溪红心猕猴桃、雪梨，阆中保宁醋、张飞牛肉，南部柑橘、升钟有机鱼等特色产品享誉全国。应以共建成渝绿色产品优质供应地、打造成渝地区双城经济圈"生态菜园子"为目标，提升有机蔬菜、生鲜水果、道地药材等农产品的科技含量和产品附加值，高标准建设成渝地区高品质农产品生产基地。注重线上与线下同步、零售与商超共推、产品与服务融合，鼓励企业围绕不同群体打造差异化优质农产品，并通过电商、新媒体予以推广。联合阆苍南各特色农产品经销商，与成渝重点农产品商贸企业搭建电商圈，实现定向输送。

在此基础上，应积极转变营销策略，通过"互联网+生态农业"等方式，精准对接区域高端人群消费需求，抢占成渝高端农产品市场。深入实施品牌建设孵化提升工程，做亮"农产阆苍南"的区域公用品牌，做强苍溪红心猕猴桃、阆中川明参、南部升钟鱼等农产品品牌，支持龙头企业打造自主品牌，构建"区域公用品牌+产业（产品）品牌+企业自主品牌"的优势特色农业品牌体系。对接高端科研院所，增加农产品品种培育、产品研发等投入，严格保护农产品产地环境，提高农产品品质，全面建立并推行种养生产标准、加工技术标准和产品质量标准，实现从栽培、加工、销售到家庭的全程数据追踪。加大对申报绿色、有机和地理标志保护产品的奖补力度，提升阆苍南农产品在成渝地区双城经济圈的知名度。

（二）聚合：聚合嘉陵、激发动力

嘉陵江及与之平行的交通廊道既是联系阆苍南三县（市）的实体纽带，扮演着资源和经济廊道的关键角色，也是阆苍南之间的文化和精神纽带，是提升三县（市）认同感和归属感的重要载体。充分利用嘉陵江这一纽带，整合优质山水人文资源，打造温润和谐的魅力山水空间、底蕴深厚的魅力人文空间和生态秀美的魅力乡村空间，共同谋划建设发展平台和公共设施，激活阆苍南新发展动力。

1. 以嘉陵江为纽带优化空间布局

依托嘉陵江巨大的生态价值、水利价值、航运价值、景观价值和人文价值，以嘉陵江绿色生态建设和自然环境保护为核心，兼顾旅游开发、城镇建设，服务沿江社会经济发展，促进阆苍南生态环境、人居环境与社会环境全面协调发展。

按照全域统筹、界限突破、资源整合、优势互补的一体化空间协同发展战略，提高空间利用效率，构建"一带、三核、多点、多廊"的总体空间结构。"一带"即嘉陵江开发与保护统筹示范带，"三核"指阆中、苍溪、南部三县（市）中心城区，"多点、多廊"是指区域内的中心镇、重点乡镇、美丽村庄以及连接它们的交通廊道、景观廊道和生态廊道。

2. 建立覆盖全域的国土空间管控分区

推进阆苍南三县（市）整体保护与管控，资源统筹利用，严格落实全域全类型国土空间用途管制制度，提升空间治理能力和水平。以资源合理利用为目标，科学划定用途分区，明确不同用途分区的功能导向，制定管制规则。

严格管理生态保护空间。生态保护空间主要涉及嘉陵江、构溪河、升钟湖水库及九龙山等区域。在生态保护红线内，自然保护地核心保护区原则上禁止人为活动，其他区域严格禁止开发性、生产性建设活动。法律法规另有规定的，从其规定。在生态保护红线内、自然保护地核心保护区外，在符合现行法律法规的前提下，除国家重大项目外，仅允许对生态功能不造成破坏的有限人为活动，严禁开展与其主导功能定位不相符的开发利用活动。

优化调整农田保护区与乡村发展区。严格落实基本农田红线划定要求，在规划期内必须严格保护基本农田，除法律规定的情形外，不得擅自占用和改变基本农田用途。区内农业生产重点推进专业化、规模化发展。应完善农业配套设施，改善农业发展基础条件。乡村发展应重点优化村庄布局，集中、集聚发展，推行农村居民点建设规模总量与强度"双控"。在接纳生态空间人口迁出的前提下，可适当增加农村居民点建设规模，但要严格控制人均农村居民点用地指标。现存历史文化名村、传统村落应予以保留和保护。

统筹安排城镇建设空间。城镇建设空间包括城镇集中建设区、特殊用途区和城镇弹性发展区。该区是城镇建设的重点区域，规划建设布局应满足产业发展和公共服务配置需求。城镇建设应重点优化功能布局，产业发展应遵循集中集约原则，最大限度保留自然山地、林地、水系等。充分考虑环境影响，合理布局工业、商业、居住、科教等功能区块及绿地系统。应为城镇建设预留发展空间，城镇发展区用地布局需要调整的，可在弹性发展区内进行城镇建设。

3. 塑造特色鲜明的城市魅力空间

建构温润和谐的魅力山水空间。阆苍南地区拥有众多山水景观资源，包括嘉陵江、东河、西河、构溪河、升钟湖、八尔湖、九龙山、锦屏山、云台山等。通过接山引水，营造山拥水润的和谐气氛，引导城市形成"城山一体、湖山一体、城湖一体"的独特功能关系，实现其生态价值。保护区域性特色地形地貌资源，依托现有的山地农业和观光旅游业基础，积极发展生态旅游和山地休闲度假产业，形成一批环境影响小、经济社会效益高的支撑性旅游项目。

营造底蕴深厚的魅力人文空间。保护阆中古城的传统格局，整治、恢复和展示原有历史文化感知元素，挖掘城市历史文化内涵。立足古镇、古村的历史文化资源，把古树名木、文化古迹、建筑遗存以及非物质文化遗产等纳入历史文化保护对象。以历史遗存、事件传说、地名人物、传统民俗活动等为载体，打造特色人文景观，传承和弘扬阆苍南特色文化。

塑造城园相融的魅力宜居空间。加快构建绿网，丰富城市绿色斑块，建设由郊野公园、城市公园、小镇公园和口袋公园组成的四级公园体系。广泛嵌入社区开放式公园，增强其可达性。倡导通过共商、共建、共治的模式建设公园社区，从而达到绿化、美化、净化社区环境，提升整体空间品质的目标。

（三）降本：降本增效、优化配置

积极落实重大区域公共问题一体化解决方案，推进基础设施、公共服务和生态环境保护一体化发展，设立区域一体化发展基金，共建服务设施，节省支出成本，优化区域资源配置。

1. 加快基础设施互联互通

基础设施建设的互联互通是区域一体化的前提。区域一体化发展及其功能的发挥，首先有赖于发达、高效的区域综合交通体系的形成与完善。交通运输系统是区域经济一体化的动脉，也是区域产业一体化的前提，是合理配置资源、提高经济运行质量和效益的重要支撑。

区域经济的加速发展在很大程度上取决于交通系统的支持和服务能力。在阆苍南一体化发展中，应着重发挥交通的先导作用，抓住成渝地区双城经济圈交通体系建设的重大机遇，科学规划布局内联外畅的阆苍南一体化综合交通体系，努力跑出阆苍南综合交通基础设施建设的"加速度"。共同推进能源、水利等基础设施相互联通与布局优化，统筹新型信息基础设施建设，创新基础设施"建管养"模式，提升阆苍南基础设施的智慧化程度和管理水平。

2.建设宜居宜业宜游的优质生活圈

打造以共享为核心的优质生活圈，提高阆苍南三县（市）人民生活水平和幸福指数，是推动区域高质量一体化的重要内容之一，也是提升区域总体竞争力不可或缺的重要组成部分。优质生活圈建设主要包括高品质的教育医疗资源、繁荣发展的文化体育事业、良好的就业创业环境和高效公平的社会治理体系等。阆苍南三县（市）要坚持以改善民生为重点，加快开展城镇化补短板、强弱项工作，大力提升城乡公共设施建设水平和公共服务能力，共建阆苍南优质生活圈。围绕公共服务设施提标扩面，不断优化阆苍南三县（市）教育医疗、健康养老、文化体育、社会福利等设施配置，进一步加强公共服务政策协同，不断满足人民群众日益增长的美好生活需要，使一体化发展成果更多、更公平惠及阆苍南三县（市）全体人民。

3.强化生态环境共保联治

阆苍南三县（市）地区山水相连、河湖相通，做好生态环境共保联治工作十分重要。在建设绿色宜居美丽阆苍南的过程中，要坚定贯彻"绿水青山就是金山银山"理念，坚持"在开发中保护、在保护中开发"，按照全国主体功能区建设要求，保障好嘉陵江中上游生态安全，通过打破行政藩篱、创新环境协同治理等方式，显著提升生态环境共保联治能力，推动区域环境质量持续向好。三地应携手共治，进一步夯实区域绿色发展生态本底，加大水土保持、天然林保护、退耕还林还草、重点防护林体系建设等重点生态工程实施力度，稳步推进自然保护地体系建设和湿地保护修复。通过加强城乡环境综合整治，打赢"蓝天保卫战""碧水保卫战""净土保卫战"，推动阆苍南三县（市）区域环境卫生设施提级扩能，建立健全生态环境保护长效机制，更好展现大美嘉陵江流域新面貌。

4. 探索设立阆苍南一体化发展基金

探索加强产业合作和共建共享基础设施的新模式，建立跨区域基础设施建设、生态环境保护的资金筹措机制。发挥政府财政、国有企业资金的引导作用，建议由阆苍南三县（市）共同发起，积极争取省人民政府出资，将阆苍南一体化协同发展投资基金作为政策性公益基金，由南充市、广元市及阆中市、苍溪县、南部县按投资规模分担出资比例，并通过公司制、合伙制、契约制等组织形式引进社会资本投入基金，努力争取国家开发银行、中国农业发展银行贷款和国家专项建设资金。明确基金使用和管理办法，委托专业基金管理机构管理运营基金，将资金投向经济社会发展重点领域和薄弱环节，重点支持合作示范区的基础设施建设、生态环境保护、战略性新兴产业和先进制造业发展等领域，通过用在"刀刃"上发挥出"四两拨千斤"的放大效应，发挥基金在推动三县（市）产业发展、基础设施建设、文旅融合提档升级等方面的积极作用，并建立健全基金收益分配机制。

（四）协争：协争权限、增权赋能

长期以来，阆中、苍溪、南部一体化发展受到行政分割的影响，要素资源的空间配置有待优化，产业发展存在直接竞争，政府行政成本较高。要真正实现阆苍南一体化发展，就必须在体制机制方面取得关键突破。从协同一体的角度出发，积极联合争取国家部委、四川省对阆苍南一体化的政策支持，争取更多的国家级试点示范政策，以制度改革、创新和协调来消除行政边界的分割障碍，以市场的竞相开放和充分竞争，促进要素优化配置和融合发展。

1. 推动既有试点互享互鉴

目前，南充、广元两市以及阆中市、苍溪县、南部县各自在国家级、省级层面获得了多个试点示范，享有相应的先行先试权限和政策、资金支持。阆苍南三县（市）可积极探索实现共享试点红利的有效机制。

争取更多试点示范，不仅对阆苍南一体化发展和三县（市）各自的发展意义重大，同时也是推进政府治理能力和治理体系现代化的重要探索和实践。试点示范是中央改革实践机制的重要形式之一，实践的形式多种多样，采用的形式取决于中央的战略需要及其对中央的功效如何，是一种对地方发展权的选择性控制，因此阆苍南三县（市）在下一步争取更多试点示范中应着重从立足国家战略需要、重点领域改革功效及向其他地区推广价值等方面入手。

立足阆苍南三县（市）发展特点与未来战略方向，阆苍南三县（市）要从协同一体的角度出发，积极联合争取国家部委、四川省对阆苍南一体化的政策支持，争取更多的国家级试点示范政策，及时抓住时代机遇。其中，重点集中力量努力争取高度符合区域协调、城乡融合、生态文明、乡村振兴等国家战略导向的试点示范，积极争取与国家战略可能不直接相关但阆苍南三县（市）可以做出亮点或率先探索出先进经验、对其他类似地区具有较高借鉴价值的试点示范，主动争取阆苍南自身发展迫切需要的其他试点示范。

2. 创建协同发展合作示范区

综合考虑三县（市）发展基础与未来发展战略方向，结合空间利用现状与资源分布，未来三县（市）一体化发展可率先在江东片区、百利片区及满福坝片区创建协同发展合作示范区，形成"一区三园"发展格局。打破行政归属边界藩篱，依托协同发展合作示范区打造省级发展平台，如省级全域旅游示范区、成渝合作示范区、嘉陵江流域国家生态文明先行示范区、城乡融合发展综合改革试点等；未来打造国家级平台，如创建国家旅游休闲区、国家农村产业融合发展示范区等。

通过统一规划、运作和协商，明确发展目标，确保交通联通、资源利用、生态环境保护等事项有效落实。建立统一的市场制度，促进产业链和价值链异地组织，资源流动和配置更加符合市场规律，将三县（市）培育成规模更为强大、资源利用更为高效的经济共同体。

3. 降低政府行政成本

推动阆中、苍溪、南部一体化发展，打破行政边界藩篱、降低三县（市）行政协调合作成本是亟待解决的关键问题。合作成本由合作事务的生产成本和达成合作共识的交易成本组成，其中交易成本包括治理增加、谈判协商、制度调整等方面的成本。因此，真正实现阆中、苍溪、南部一体化发展的关键在于体制机制的突破和创新。只有真正降低协调交易成本、建立有效的利益共享机制，全力拆墙，打破行政界限深度抱团，才能实现三县（市）实质性的合作。

三县（市）应结合自身发展特长、实际发展特征及诉求、未来发展战略导向，优化办公机构设置，发挥"合"的作用，负责研究提出阆苍南一体化发展在对应领域的重要议题、规划计划及政策措施，协调推动三地合作中的重大事项及重大项目，强化跨区域部门间的信息沟通、资源统筹和工作联动，完善"领导小组—协调机构—实施机构"三级联动协调机制。

第八章　川渝毗邻地区协同发展研究

——基于广安、达州两市的调研

曹　琳

一　跨省毗邻地区协同发展的主要特征

跨省毗邻地区建立合作机制的主要障碍是行政壁垒，突出表现为交通"断头路""宽窄路""瓶颈路"、生态联防联治矛盾突出、产业同质竞争等问题。因此地方政府关系是协调区域发展的关键因素。政府要发挥主导作用，从省、地方层面构建多层次跨区域的决策、执行机制，才能有效推动区域资源要素自由流动。

从京津冀协同发展、长三角城市群一体化建设来看，对等互补、明确分工、互惠互利等原则是毗邻地区协同发展的重要前提。毗邻地区的协同发展要基于各自比较优势，融入市场合作分工。只有建立利益共享、激励有效的协同合作机制才能实现可持续性发展。

跨省毗邻地区协同发展要从规划、产业、交通、社会、文化、生态等维度来全面对接。毗邻地区间的规划体系要对接，空间要全域统筹；围绕基础设施建设，形成交通、能源、数据等互联互通；基于产业链比较优势，形成优势互补、分工合作；推进公共服务一体化，促进人口自由流动;立足地理相邻,共同打造社会文化圈,形成文化融合;共筑生态屏障,实现跨区域协作治理。

跨省毗邻地区协同发展要有抓手。可通过共筑产业平台、创新飞地合作等模式,推动跨省毗邻地区协同发展真正落地。如在合作平台建设方面,重庆市联合四川省出台《川渝毗邻地区合作共建区域发展功能平台推进方案》,在川渝毗邻地区规划建设 10 个合作平台。国内其他地区已积累了较多"飞地经济"合作经验,例如武汉东湖高新区积极与毗邻城市发展"飞地经济",与黄冈合作共建光谷黄冈科技产业园,与黄石合作共建"中国光谷黄石产业园",联合鄂州打造高科技产业园区,发挥不同城市的比较优势,打破产业空间瓶颈,促进要素去中心化布局,推进区域协同发展。

二 川渝毗邻地区协同发展的战略价值

川渝毗邻地区是成渝地区双城经济圈的"几何中心",包含四川省的 6 个地级市与重庆市的 13 个区县,接壤长度 932 公里,有融合发展的地理基础。根据第七次全国人口普查数据,川渝毗邻地区常住人口占川渝两地的比重达到 29.6%,地区生产总值占川渝两地的比重为 26.5%。其中广安、达州等川渝毗邻地区是率先推动成渝合作的主战场。2011 年 5 月,国务院批复的《成渝经济区区域规划》将广安确立为四川省唯一的川渝合作示范区。2021 年 10 月,《成渝地区双城经济圈建设规划纲要》提到要"推动广安全面融入重庆都市圈,打造川渝合作示范区"。达州位于川渝陕结合部。成渝城镇群规划明确提出"建设达万城镇密集区"。《成渝地区双城经济圈建设规划纲要》提出"支持万州、达州、开州共建川渝统筹发展示范区"。

川渝毗邻地区经济一体化发展，是推动川渝发展主轴形成、带动川渝两地乃至整个西部地区发展的重要支撑。

省际毗邻地区受行政和地理等因素影响市场分割，通常为欠发达、较为边缘的地区。川渝毗邻地区的协同发展有利于消除市场分割，扩大内需，促进要素自由流动，提高毗邻地区的经济竞争力，对畅通国内大循环为主体、国内国际双循环具有重要的战略意义。

川渝毗邻地区经济发展缓慢，区域发展不平衡，被称为"中部塌陷"地区。川渝毗邻地区协同发展，对解决川渝地区发展不平衡不充分问题、推动形成优势互补高质量发展的区域经济格局具有重要意义。毗邻地区一体化的先行和示范，更加有利于推进成渝地区双城经济圈的一体化发展。

川渝毗邻地区协同发展有利于提升生态文明治理水平。川渝毗邻地区属于大江大河上下游的关系，区域间进行生态环境联动共治，更有利于推动流域的生态环境治理，共筑长江上游重要的生态屏障。

三 广安推进区域协同发展进展情况与问题

（一）广安地区基本情况

广安市位于四川省东部，东面与达州市相交，北面与南充市交界，南面和西面与重庆市相邻。辖区面积6339.22平方公里。下辖2区3县1市；根据第七次全国人口普查数据，广安市常住人口为3254883人。2021年广安市地区生产总值为1417.8亿元，比2020年增长8.1%。2022年四川省明确广安建设四川自贸试验区协同改革先行区。

广安市与重庆山水相连、人文相近、民俗相通,兄弟一家亲,两地毗邻区域接壤 300 余公里,交流互动紧密,经贸往来频繁。广安启动川渝合作示范区建设已有 10 年,广渝合作初现成效。目前,广安 50%以上的工业项目为重庆配套,75%的农副产品销往重庆,60%的游客来自重庆,16 万多名劳动者在重庆就业。广安已成为重庆的制造业配套基地、农产品加工供应基地、消费群体输出地、旅游休闲目的地和重要生态涵养地。

(二)川渝合作总体进展

1. 建立健全合作机制

广安市政府与重庆市发展改革委、四川省发展改革委签署三方协议,共同推进示范区重大事项。建立川渝合作示范区经济协作联席会议制度,与重庆潼南区轮值召开川渝合作示范区年度联席会,联合出台示范区建设年度工作计划。设立专门办公室统筹协调渝广合作事宜,渝广毗邻区县打造川渝合作"两地四方"联席会等平台。规划先行,同城融圈,广安全域纳入重庆都市圈发展规划,成为目前全国唯一全域纳入跨省域都市圈的地级市。广安邻水县部分行政区域与重庆市渝北区部分行政区域共同设立川渝高竹新区,是目前全国唯一的跨省新区,探索经济区与行政区适度分离改革,建立跨区域经济合作管理模式。在政策协同方面,川渝高竹新区已经统一 10 类 50 项税收政策和征管措施的执行口径。在要素协同方面,川渝高竹新区逐步推动水电气要素同城同价,实现跨省域的供电、供水、燃气资源整合,推进教育医疗资源共建共享。

2. 推动交通互联互通

巴广渝高速、遂广高速建成通车,包茂高速高竹互通、南北大道、川渝大道等交通设施建设也在推进中。年吞吐能力百万标箱的广安港建成投运，直通长江航道。重庆江北机场广安候机楼建成运营，开通城际快客"渝广专线"。城际铁路列车"公交化"运行，跨省的公交线路也陆续开通。渝广之间已形成由2条铁路、4条高速、5条国省干道、2条水路组成的铁公水多式联运交通运输网络体系。

3. 产业实现协作互补

广安融入中新（重庆）战略性互联互通示范项目，华蓥电子信息、邻水机械加工、岳池生物医药、武胜农产品加工等渝广共建产业园初具规模。2012年邻水县经开区获重庆市经济和信息化委员会"渝广共建机电产业园"授牌，已建设成为国家级新型工业化产业示范基地、省级高新技术产业园。2014年邻水县高滩园区获重庆市渝北区"重庆空港工业园区配套产业园"授牌，正由四川发展集团、重庆渝富集团和广安市、邻水县四方共同打造川渝合作高滩新区。文化旅游方面，重庆潼南与广安等地积极开展红色文化开发合作，与重庆联合推出"红岩魂""川渝情""访伟人故里"红色旅游精品线路，策划打响"红色旅游文化地"品牌，共同推行4A级景区"通票制"，互开景区景点旅游直通车，形成旅游环线。重庆银行、永辉超市等商业业态在广安设立分支机构，广安优质农产品与重庆大型超市、批发市场实现产销对接、订单销售。截至2019年，广安共引进重庆项目1778个，到位资金1912亿元，重庆成为广安引进项目的最大来源地。

4. 共享社会事业合作成果

与重庆20余所中小学校之间开展结对帮扶，川渝大专院校在广安建立教学培训基地、社会实践活动基地，广安职业技术学院与重庆电子工程职业学院等开展教学合作，行政干部实现多批次挂职、培训。与重庆打造产学研联盟，共享 5 个博士后工作站、32 个市级企业工程技术研究中心。共同打造医疗卫生合作平台，广安市人民医院、广安区人民医院等被纳入川渝异地就医直接结算平台。与重庆开展就业服务和劳务培训合作，实现渝广异地养老保险、投资注册登记等信息共享。共同推进嘉陵江流域国家生态文明先行示范区建设，与重庆毗邻区县开展大气、土壤、污水等专项治理、联合执法，共同保护华蓥山生态功能，协同开展林业有害生物防控，长江上游生态安全屏障进一步筑牢。

（三）主要问题

1. 示范区建设的示范作用不充分

川渝合作示范区（广安片区）是国家区域战略的重要组成部分。从实践来看，示范区在建设过程中，合作内容以产业合作项目为主，合作机制沿用传统模式和做法较多，对国家政策、规划、投资期望较高，围绕市场化发展和双方优势资源互补的研究不足。

2. 基础设施一体化建设存在短板

交通互联互通仍停留在基础设施的对接贯通上，对于综合运输与现代物流服务一体化提升的考虑不足，没有体现出服务引领发展的导向与效果。

3. 生态环境共建共治缺乏系统性设计

对嘉陵江流域综合保护与开发、产业结构调整、城镇化方向、重点项目安排等还缺乏系统性设计，特别是与重庆融合度不够，在区域污染治理、技术研究与支持、应急联动等方面有待深入，流域生态建设成效及影响的监测评价有待加强。

4.区域合作动力有所降低

随着重庆两江新区、保税港区的建设和城乡改革试验的推进，重庆所享受的土地、财税、投融资等政策优惠力度日益增大，广安市对重庆资金、人才、项目的吸引力逐渐降低，部分重庆企业向广安转移的意愿减弱。

四　达州推进区域协同发展进展情况与问题

（一）达州市基本情况

达州市地处四川省东北部，面积 1.66 万平方公里，辖 2 区 4 县 1 市，是四川的人口大市、资源大市、经济大市、交通枢纽、物流枢纽，是四川省重点培育的 7 个区域中心城市之一。2021 年达州地区生产总值实现 2351.7 亿元，同比增长 8.3%。

达州在区域协同发展方面有以下优势。一是人口优势。2021 年末达州市常住人口 537 万人，全市 7 个县市区中百万人口大县（区）就达到 4 个。达州的职业教育体系较为完备，现有高职院校 2 所、中职院校 34 所，在校学生 6.4 万人。二是区位优势。达州处于川渝陕结合部，历史上为秦巴地区物资集散地和商贸中心，是成渝、关中—天水、大武汉三大经济区的重要连接带，以达州为圆心，半径 200 公里范围内拥有"八市三区"7500 万人口。三是交通优势。达州是国家公路运输 179 个主枢纽城市之一以及四川省 12 个次级综合交通枢纽之一。达州是国家物流枢纽布局承载城市，拥有西南第四大客运火车站；国家"八纵八横"高速铁路网包括的沿江通道成达万、包（银）海通道西达渝段在达州交汇；高速公路已建 6 条、在建 2 条；

达州机场已开通 20 条航线，可满足年旅客吞吐量 235 万人次、货邮吞吐量 21000 吨的使用需求。四是资源优势。达州是全国三大气田之一和川气东送工程的起点，是国家重要的能源资源战略基地，天然气资源总量 3.8 万亿立方米，探明储量 7000 亿立方米，已建成有亚洲最大年处理能力 150 亿立方米的中石化普光天然气净化厂、年处理能力 30 亿立方米的中石油宣汉南坝净化厂，年外输天然气 100 亿立方米以上，天然气净化附产硫黄 400 万吨，是亚洲最大的硫黄生产基地；达州是国家商品粮生产基地、生猪调出大市和国家农业综合开发的重点地区，粮食产量排全省第一，是中国苎麻、黄花、乌梅、糯米之乡和中国油橄榄、富硒茶、醪糟之都。此外，达州钾盐矿储量超过 1.5 万亿立方米，富含锂钾，开采前景可观。

（二）川渝合作总体进展

1.产业协作加速推进

川渝合作（达州·大竹）产业示范园区建设加速，二期已在推进建设中。市县两级到位注册资本金 4.2 亿元，以"政府主导、市场主力、企业主体"为原则，采取"管委会+运营公司"运行模式；截至 2022 年 6 月，示范园已入驻企业 402 家，2022 年上半年实现营业收入 229.87 亿元。为共同提升水稻产业效益和发挥规模优势，开江县与梁平区共同建设川渝毗邻地区农业高质量发展示范平台，联合编制规划，共同推广稻渔综合种养模式。开江经济开发区与重庆开州浦里新区结对入选首批成渝地区双城经济圈产业合作示范园区，两地园区成立了产业发展联盟，企业间建立了联动的产业链上下游合作关系。

2.毗邻地区一体化发展加快

达州市与万州区签订了《深化达万合作推动全方位协同发展行动计划实施方案》，共同建设"达万一体化发展示范区"，为川东北乃至全省对外开放创造条件。开江县与重庆市万州区等 5 个毗邻县区签订了《推进成渝地区双城经济圈建设政务服务战略合作协议》，推进"无差别"政务服务，共同建立区域审批服务、川渝通办事项多地联办等区域通办模式。开江县已与毗邻县区构建了党政定期会商、信息交流等常态化联络沟通机制。

3.生态环境协同治理

达州市与万源市、宣汉县、开州区等签订了《川陕渝十区市县林业有害生物联防联检合作协议》，建立了"七大机制"，实现了共抓问题大治理、环境大保护。

4.公共服务初步合作

达州市与重庆市素质教育研究会达成合作意向，开展高考扶助计划；与重庆医科大学附属肿瘤医院建立了医疗联合体工作机制；与重庆渝北区共建劳务基地、开展劳务合作，利用职教培训优势促进川渝人力资源良性流动。达川区与重庆市梁平区在乡村振兴、基础设施互联互通、商贸流通、公共服务对接共享等方面签订初步合作协议。

（三）主要问题

1.区域协作缺乏顶层设计

省级层面推进区域协同发展统筹谋划力度还不够，很多工作仅限于相关地市、相关部门之间的对接协调，碎片化、条块化特点明显，系统化、制度化水平不高。由于行政区划限制，一些跨区域重大项目建设主体不一致，更多的是靠地区间自主协调推进，受地方发展需求、财力支撑、争取立项审批等因素影响，存在项目建设时序不一、建设标准不同等问题。

2. 自身合作优势尚待挖掘

川东北经济区南充、达州、广元、广安、巴中等 5 市产业结构同质化严重，错位发展难度较大，加之达州传统资源型产业占比高达 60%，传统产业结构性萎缩，新的动力尚未形成生产力，转型升级发展压力巨大。在与重庆产业协作方面，自身产业特色和优势不突出，更多的是依赖重庆单项资源输出，缺乏双向互利互动。

3. 基础设施建设较为滞后

川东北经济区地处秦巴山区，基础设施建设成本高，且投入严重不足，特别是重大交通基础设施建设滞后。如 5 市内部无快速铁路连接，外部还没有与成都、重庆、西安、武汉等周边大城市的高速铁路连接；每百平方公里高速公路覆盖率也远低于成都平原经济区和川南经济区；县际快速通道建设刚起步，农村公路通达深度不够。交通互联互通滞后将对区域协同发展造成一定阻碍。

五 对川渝毗邻地区区域协同发展的建议

为进一步加强川渝毗邻地区协同发展，推动"中部塌陷"走向"中部崛起"，加速成渝地区双城经济圈建设，提出如下政策建议。

（一）重视市场机制作用

进一步突破户籍、土地等体制制约，允许要素在区域间自由流动，通过人才的集聚和互动催生成渝创新原动力，形成区域级创新引擎。

在产业协作方面，可以建立行业、企业组织合作机制。选择毗邻地区已形成产业链配套关系的、发展前景广阔的优势产业，成立行业协会组织，在行业标准的制定、市场的规范、信息交流等方面加强组织和指导；建立毗邻地区产业合作区的企业常态化联系制度，推荐企业间相互考察学习、洽谈合作项目，在共创商机、产品设计研发、市场开拓、经营管理等方面加强协调及协作。

（二）强化顶层设计

加大对成渝合作的政策支持力度。一是组建区域协同发展常设机构，并建立完善的沟通联络机制和信息反馈机制。二是以"互利共享"为原则，建立市长联席会议制度和政府秘书长协调制度。确定重点合作方向和行动纲领，就协作中需要解决的重大问题进行集体磋商。并可成立重点合作专题组，组织有关单位联合编制推进合作发展的专题计划。

（三）共同争取政治资源和改革权限

2007年成渝两市就曾联合申报"城乡统筹综合改革配套试验区"。以区域联合体的形式，借助"区域协作"平台，争取更大的话语权。所有有助于区域发展的政策创新甚至改革突破（如体制机制改革、土地等方面）都可纳入"区域协作"框架。在川渝毗邻地区选择合作示范试点，在政策、项目和资金等方面给予示范区进一步的支持，将示范区建设成为西部地区乃至全国的区域合作典范，为全国区域协同发展提供可复制、可推广的经验。

（四）建立成本共担、利益共享机制

探索川渝毗邻地区利益分配机制，科学合理分配毗邻地区利益。

在财政投入方面，鼓励跨区域财政协同投入，共同设立投资基金。在产业园区、企业等跨区域合作项目中，探索税收征管一体化，合理划分合作项目产生的财税利益。建立投资、税收等利益争端处理机制，明晰项目异地流转、企业迁移利益的分配方案。推动毗邻地区市场充分开放和自由竞争，加强毗邻区域在财税支持、招商引资、要素流通等方面的政策协同。

参考文献

国子健、钟睿、朱凯：《协同创新视角下的区域创新走廊——构建逻辑与要素配置》，《城市发展研究》2020年第2期。

阳晓伟、闲明雄：《德国制造业科技创新体系及其对中国的启示》，《技术经济与管理研究》2019年第5期。

徐翔、陆国斌、王超超：《成渝区域创新体系建设研究》，《中国科技资源导刊》2019年第5期。

周逸影、杨潇、李果等：《基于公园城市理念的公园社区规划方法探索》，《城乡规划》2019年第1期。

闵希莹、胡天新、杜澍等：《公园城市与城市生活品质研究》，《城乡规划》2019年第1期。

刘士林：《"文化型城市群"引领长江流域发展》，《经济参考报》2018年8月15日。

罗志高：《区域性中心城市建设的多维取向：分析成渝城市群》，《改革》2018年第1期。

易红、王植、王志章：《生态文明视域下宜居城市构建路径探析：基于重庆的实证研究》，《城市观察》2014年第6期。

何为、吕斌、胡滨等：《网络城市：内涵、特征与发育度综合评价——以成都市为例》，《城市规划》2018 年第 5 期。

高国力：《引导我国城市群健康发展》，《宏观经济管理》2016
年第 9 期。

王乃静：《国内外城市群发展模式与经验借鉴——兼论山东半岛
城市群双阶段发展战略》，《经济学动态》2005 年第 12 期。

胡海鹏、袁永、廖晓东：《基于指标特征的国内外典型创新指数
比较研究》，《科技管理研究》2017 年第 20 期。

李世奇、朱平芳：《长三角一体化评价的指标探索及其新发现》，
《南京社会科学》2017 年第 7 期。

吴传清：《概览世界城市群》，《中国城市化》2003 年第 4 期。

黄建富：《世界城市的形成与城市群的支撑》，《世界经济研究》
2003 年第 7 期。

王乃静：《国外城市群的发展模式》，《技术经济与管理研究》
2005 年第 2 期。

刘友金、王玮：《世界典型城市群发展经验及对我国的启示》，
《湖南科技大学学报》（社会科学版）2009 年第 12 期。

周灿、曾刚等：《区域创新网络模式研究——以长三角城市群为
例》，《地理科学进展》2017 年第 7 期。

吕拉昌、孟国力等：《城市群创新网络的空间演化与组织——以
京津冀城市群为例》，《地域研究与开发》2019 年第 2 期。

大华银行集团环球经济与市场研究部：《中国：粤港澳大湾区带
来的机遇》，2019 年 4 月。

马向明、陈昌勇等：《强联系多核心城市群下都市圈的发展特征
和演化路径——珠江三角洲的经验与启示》，《上海城市规划》2019
年第 2 期。

中指研究院：《经济发展第四极！数说成渝城市群的前世今生》，https：//news. fang. com/open/26856820. html，2017 年 10 月 19 日。

国家发改委国土地区所课题组、肖金成、汪阳红等：《成渝城市群的战略定位与规划目标》，《中国发展观察》2016 年第 13 期。

谭穗：《成渝城市群发展中地方政府协同治理的困境及化解研究》，西南大学硕士学位论文，2017。

黄俊：《城市群发展历程对比研究分析——以成渝城市群和国内外发达城市群对比为例》，西南财经大学硕士学位论文，2011。

图书在版编目（CIP）数据

成渝地区双城经济圈高质量发展的重大举措与实践探
索／闵希莹等著. -- 北京：社会科学文献出版社，
2023.3

ISBN 978-7-5228-1206-9

Ⅰ.①成… Ⅱ.①闵… Ⅲ.①区域经济发展-研究-
成都 ②区域经济发展-研究-重庆 Ⅳ.①F127.711
②F127.719

中国版本图书馆 CIP 数据核字（2022）第 241592 号

成渝地区双城经济圈高质量发展的重大举措与实践探索

著　者／闵希莹　顾永涛　刘长辉　周　君　等

出 版 人／王利民
组稿编辑／梁艳玲
责任编辑／吴　敏
责任印制／王京美

出　　版／社会科学文献出版社（010）59367127
　　　　　　地址：北京市北三环中路甲29号院华龙大厦　邮编：100029
　　　　　　网址：www.ssap.com.cn
发　　行／社会科学文献出版社（010）59367028
印　　装／三河市龙林印务有限公司

规　　格／开本：787mm×1092mm　1/16
　　　　　　印张：14.5　字数：178千字
版　　次／2023年3月第1版　2023年3月第1次印刷
书　　号／ISBN 978-7-5228-1206-9
定　　价／79.00元

读者服务电话：4008918866